T0123346

SINNvoll arbeiten

Teresa Keller

SINNvoll arbeiten

Mit Haltung den Job gestalten

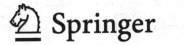 Springer

Teresa Keller
München, Bayern, Deutschland

ISBN 978-3-662-60595-0   ISBN 978-3-662-60596-7   (eBook)
https://doi.org/10.1007/978-3-662-60596-7

Die Deutsche Nationalbibliothek verzeichnet diese Publikation in der Deutschen Nationalbibliografie; detaillierte bibliografische Daten sind im Internet über http://dnb.d-nb.de abrufbar.

Planung/Lektorat: Marion Kraemer
Springer ist ein Imprint der eingetragenen Gesellschaft Springer-Verlag GmbH, DE und ist ein Teil von Springer Nature.
Die Anschrift der Gesellschaft ist: Heidelberger Platz 3, 14197 Berlin, Germany

Vorwort

Die Frage nach einem tieferen Sinn in unserer alltäglichen Arbeit beschäftigt viele von uns und trägt meist nicht zu einer zufriedenen Perspektive auf die eigene Zukunft bei. Da sich diese Unzufriedenheit meist auch auf Motivation oder Engagement in der Arbeit ausbreitet, sind gleichzeitig Unternehmen in einem ständigen Konflikt zwischen Kapitalmaximierung und Kompetenzverlust durch mangelnde Sinnhaftigkeit. Deshalb habe ich aufgrund meiner Erfahrungen als Unternehmensberaterin und Coach für Persönlichkeitsentwicklung, ein Modell entwickelt, dass Individuen nicht nur bei der Suche nach Selbstbewusstsein, Handlungsfähigkeit und Standhaftigkeit unterstützen soll, sondern zeigt auf, wie sich diese Selbstinventur auf die Gesellschaft auswirken und damit auch in Unternehmen eine neue Ebene von sinnvoller Arbeit etablieren kann.

„Sinnvoll Arbeiten – Mit Haltung den Job gestalten" zeigt verständlich und pragmatisch ein Grundgerüst seine

Haltung zu definieren, Verhalten zu reflektieren und sich dafür zu entscheiden, Sinn zu gestalten. Denn genau so können wir den Handlungsspielraum für ein zufriedenes Leben zurückgewinnen.

Ein großer Dank gilt all jenen Menschen, die mir in den letzten Jahren in Coachings und Workshops ihr Vertrauen geschenkt haben und mit Offenheit und Neugier bereit waren sich auf meine Arbeit einzulassen. Sehr unterstützend waren auch die vielen Gespräche mit Kollegen und Experten, die mir immer mit Rat und Tat zur Seite standen und für mich sehr inspirierend waren.

Dass dieses Buch entstanden ist, ist Frau Krämer vom Springer Verlag zu verdanken, die mich ermutigt das Thema in dieser Form aufzugreifen. Dorothee Fleischmann danke ich für die geduldige Unterstützung bei der Strukturierung und Aufbereitung des Inhalts. Von Herzen danke ich Lavinia Keller, die mich durch ihr Engagement und ihren kritischen Blick ganz wesentlich bei der Zusammenstellung der verschiedenen Kapitel begleitet hat. Vor allem aber möchte ich meinem Mann danken, für die unendliche Geduld sich all meine Gedanken und Überlegungen anzuhören, sie immer kritisch mit mir zu diskutieren und die Bereitschaft mich in jeglicher Form zu unterstützen.

Aus Gründen der besseren Lesbarkeit und Verständlichkeit der Texte wird in diesem Buch das generische Maskulinum als geschlechtsneutrale Form verwendet. Selbstverständlich soll sich jedes Geschlecht gleichnamig angesprochen fühlen.

Dr. Teresa Keller

Inhaltsverzeichnis

1

Die Frage nach dem Warum

Inhaltsverzeichnis

Aufstehen, Straßenbahn, Büro, Essen, Schlafen, Montag, Dienstag,
Mittwoch, Donnerstag, Freitag, immer derselbe Rhythmus – das
ist sehr lange ein bequemer Weg. Eines Tages aber steht das Warum
da, und mit diesem Überdruss, in dem sich Erstaunen mischt, fängt
alles an.

Albert Camus

Während unser Alltag dicht gefüllt ist mit Terminen, Aufgaben und Anforderungen, reagieren wir nur noch auf sich
ständig ändernde Herausforderungen, verlieren unseren
Fokus und fühlen uns wie in einem Hamsterrad. Und es
kommt einem manchmal der Gedanke:

© Springer-Verlag GmbH Deutschland, ein Teil von Springer
Nature 2020
T. Keller, *SINNvoll arbeiten*,
https://doi.org/10.1007/978-3-662-60596-7_1

- Warum mache ich das eigentlich alles?
- Was, wenn hinter meiner Arbeit kein weiterer Sinn steckt?
- Kann ein Individuum wirklich noch Wesentliches verändern?

Die Frage nach dem Warum ist eine urmenschliche Frage, die uns schon seit Menschengedenken beschäftigt. Aus ihr heraus ist die Philosophie entstanden und wesentliche Entdeckungen entwickelt worden. Sie gehören so sehr zum menschlichen Sein, dass Kinder in einem gewissen Alter die Frage „Warum?" sogar unentwegt wiederholen, weil sie die Welt verstehen wollen. Gerade die heranwachsende Generation hinterfragt Arbeitseinsatz und -ablauf und achtet immer häufiger auf eine sinnvolle Arbeit und auf ein ausgeglichenes Verhältnis zwischen ihrem Beruf und ihrer Freizeit. Bei früheren Generationen kommt der Lebensbereich Familie hinzu, der weitere Sinnfragen aufwerfen kann. Wir können zwar beschreiben, was und wie wir arbeiten, aber bei der Frage warum, wird es für viele deutlich schwieriger. Da aber unser Beruf neben Gesundheit und Familienleben (Neumann und Schmidt 2013) einen wesentlichen Eckpfeiler unserer Lebenszufriedenheit ausmacht, wird der Wunsch nach einer sinnvollen Arbeit zu Recht angestrebt. Die Frage, warum sich viele Menschen nach Sinnhaftigkeit in ihrer Arbeit sehnen ist, weil sinnvolles Arbeiten die Motivation, die Zufriedenheit und die Leistungsfähigkeit steigert.

Mehr als die Hälfte der Deutschen gaben 2015 in einer Studie an, dass sie selbst ohne Entlohnung arbeiten würden (Gaspar und Hollmann 2015). Zu einem ähnlichen Ergebnis kam eine Purpose-Studie, die in den USA 2285 Berufstätige aus 26 verschiedenen Branchen befragte (Jerzy 2019). Daraus und inzwischen aus vielen anderen

Studien lässt sich folgern, dass Geld nicht die wichtigste Motivation für die Arbeit ist.

Um so gravierender ist es dann zu wissen, dass jeder Dritte seinen Job als sinnlos wahrnimmt. Wir versinken in den Anforderungen, die ständig anwachsen und verlieren unsere Ziele aus den Augen, die sich kontinuierlich verändern. In einer alten indischen Geschichte wird erzählt, dass Elefanten als junge Tiere, immer wieder versucht haben sich von einem Pflock loszureißen. Nachdem sie es aber nie geschafft haben, versuchten sie es für den Rest ihres Lebens nicht mehr (Bucay 2016). Dies entspricht der klassischen Konditionierung, wie sie auch wir Menschen kennen. Nach Entmutigungen versäumen wir es, unsere Kräfte und Potenzial immer wieder neu zu nutzen und die Rückschläge als Lerneinheit zu verstehen, um zu unserem Ziel zu kommen oder unsere Möglichkeiten zu nutzen.

Ich bin als Beraterin und Coach tätig und höre, wenn ich in Unternehmen Workshops moderiere, immer wieder Sätze wie: „Ich kann hier eh nichts mehr verändern. Ich bin jetzt 55 und sitze die restlichen Jahre jetzt auch noch ab!" oder „Das Unternehmen will ja gar nicht, dass wir uns engagieren, die wollen nur, dass wir die Anweisungen umsetzen!" oder „Wir erarbeiten regelmäßig Berichte, die aber danach keiner liest. Das interessiert doch keinen, ob wir die ordentlich arbeiten oder nicht!". Solche Aussagen klingen nach viel Frustration und Enttäuschung. Mitarbeiter, die sich so fühlen, können nicht ihr Potenzial ausschöpfen und gehen häufig in die innere Resignation oder verrichten nur noch Dienst nach Vorschrift. Laut Engagement Index von Gallup sind das immerhin 69 % der Arbeitnehmer (Tödtmann 2019).

Es gibt jedoch in jeder Situation und jedem Umfeld Möglichkeiten etwas Sinnvolles zu finden. Jeder ist in der Lage sich weiter zu entwickeln, zu lernen und zu hinterfragen. Wir können vielleicht nicht gleich die ganze Welt verändern, aber wir können unsere Haltung zu den Dingen verändern. Und damit können wir selbst nicht nur unsere Arbeit neu gestalten, sondern einen Sinn dahinter entdecken und somit die Lebensqualität steigern. Und dies beginnt mit diesem Buch.

Literatur

Bucay J (2016) Wie der Elefant die Freiheit fand. Fischer, Frankfurt

Gaspar C, Hollmann D (2015) Bedeutung der Arbeit. Ergebnisse der Befragung. Ein Kooperationsprojekt vom GfK Verein und der Bertelsmann Stiftung, Gütersloh

Jerzy N (2019) Purpose-Studie: Lieber sinnvolle Arbeit als mehr Gehalt. In: Capital vom 01.03.2019. https://www.capital.de/karriere/lieber-sinnvolle-arbeit-als-mehr-gehalt-karriere. Zugegriffen: 10. Dez. 2019

Neumann M, Schmidt J (2013) Glücksfaktor Arbeit. Was bestimmt unsere Lebenszufriedenheit. Diskussionspapier Nr. 21 vom Roman Herzog Institut, München

Tödtmann C (2019) Gallup-Studie 2019: Rund sechs Millionen Beschäftigte glauben nicht an ihr Unternehmen – mit 122 Milliarden Euro Folgeschäden, schuld sind die Führungskräfte selbst. https://blog.wiwo.de/management/2019/09/12/gallup-studie-2019-rund-sechs-millionen-beschaeftigte-glauben-nicht-an-ihr-unternehmen-mit-122-milliarden-euro-folgeschaeden-schuld-sind-die-fuehrungskraefte-selbst/. Zugegriffen: 7. Dez. 2019

2

Das Streben nach dem Sinn

Das Leben besteht nicht daraus, gute Karten zu haben, sondern mit denen, die du hast, gut zu spielen.

Josh Billings

Inhaltsverzeichnis

© Springer-Verlag GmbH Deutschland, ein Teil von Springer Nature 2020
T. Keller, *SINNvoll arbeiten*,
https://doi.org/10.1007/978-3-662-60596-7_2

2.1   Die Sinnfrage

Es gibt viele sehr unterschiedliche Ansätze, um den Sinn des Lebens zu definieren:

Die Sinnfrage ist der Ausgangspunkt der alten Philosophen wie Aristoteles und Sokrates, wie Platon und Epikur. Sie stellten sich schon vor 2500 Jahren die Frage, welchen Sinn wohl unser Dasein hat und was uns glücklich macht. Ist es sinnvoll nach dem hedonistischen Glück zu streben, also nach Genuss und Sinneslust (in diesem Zusammenhang übrigens ein spannendes Wort)? Oder ist das eudaimonische Glück, wie es Aristoteles formulierte, erstrebenswert? Mit dem eudaimonischen Glück ist das Streben nach dem wirklichen Selbst gemeint und das Erfüllen der individuellen Potenziale. Ziele, die auch unsere heutigen Bestrebungen durchaus gut beschreiben.

Auch die verschiedenen Religionen sind in einem hohen Grad sinnstiftend und ermöglichen es ihren Gläubigen eine klare Orientierung zu finden. Hier wird der Sinn des Lebens von Gott vorgegeben und besteht meistens darin, seinen Geboten zu folgen und so ins Paradies zu kommen oder die Erleuchtung zu erlangen.

Oder ist es die Zahl 42, wie Douglas Adam in seinem Roman „Per Anhalter durch die Galaxy" schreibt. Diese Zahl nennt die Maschine „Deep Thought" nach 7,5 Mio. Jahren Rechenzeit als den Sinn des Lebens, wobei er darauf hinweist, dass die Frage, die gestellt wurde nicht ganz präzise war.

Oder ist der Sinn des Lebens, die Antwort die Leonhard Cohen nach dem Lied „The Tower of Love" in seinem berühmten Konzert in London 2009 auf die universelle Frage nach dem Sinn des Lebens gab: „Du du damm damm damm, du du damm damm!".

Es wird deutlich, dass es viele Perspektiven zur Sinnfrage gibt und vielfältige Möglichkeiten sich ihr zu nähern.

Beziehen wir aber die Sinnfrage nicht gleich auf das ganze Leben, sondern erst mal nur auf den Arbeitskontext, wird es etwas einfacher. Zunächst ist es hilfreich, sich bewusst zu machen, wozu unsere Arbeit beiträgt. Sinnvoll nämlich sind eigentlich alle Aufgaben, die wir in unserem beruflichen Alltag verrichten, nur fehlt uns manchmal der Blick dafür. Ob es der Buchhalter, der Verkaufsleiter, der Fließbandarbeiter oder der Entwicklungschef ist, sie alle haben eine essenziell sinnvolle Aufgabe, da nur durch das Zusammenwirken aller, die Abläufe funktionieren und am Ende die Zahlen stimmen. Fußballtrainer Jürgen Klopp hat das sehr anschaulich gezeigt, als er beim FC Liverpool begann: Gleich am Anfang seiner Arbeit dort, hat er die Spieler (die alle ein Millioneneinkommen haben), mit dem Servicepersonal, das die Spieler unterstützt, zusammen gebracht und ihnen offensichtlich glaubwürdig vermittelt, dass jeder mit jedem auf Augenhöhe umgehen soll, um das Beste für den Club zu erreichen (Neßhöver 2019). So wurde die Arbeit jedes Einzelnen aufgewertet und der dahinterstehende Sinn verdeutlicht.

In manchen Berufen ist der Sinn offensichtlich: So beispielsweise die Arbeit in einem Krankenhaus, bei dem es darum geht Menschen gesund zu pflegen oder Leben zu retten. Ebenso verhält es sich bei Aufgaben in sozialen Einrichtungen in denen hilfsbedürftige Menschen unterstützt werden. Aber auch Feuerwehr, Polizei, Klempner, Busfahrer und viele andere leisten offensichtlich sinnvolle Arbeit. Bei anderen Arbeiten wiederum besteht eine individuelle Motivation für die Tätigkeit, die dazu beiträgt, sie als sinnvoll wahrzunehmen. Ob ein Koch den Menschen schöne Sinneserlebnisse schenken möchte oder ob ein Friseur das Gefühl hat durch ein stimmiges Äußeres den Menschen wieder mehr Selbstvertrauen zu geben: Die Verbindung von Arbeit und Sinnhaftigkeit hat viele Gesichter.

Manchmal sind es aber auch einfach nur Momente, in denen wir ganz aufgehen und die uns erfüllen, ein sogenannter Flow-Moment, wie ihn der emeritierte Professor für Psychologie aus Chicago, Mihaly Csikszentmihalyi, genannt hat. Er beschreibt damit den Moment, in dem unsere Leistungsfähigkeit und die Herausforderungen, denen wir uns stellen, so aufeinander abgestimmt sind, dass wir genug gefordert sind, ohne überfordert zu sein. Haben wir diesen Zustand erlebt, dann sind wir sehr zufrieden mit uns und unserer Arbeit und fühlen uns erfüllt.

Und obwohl Sinnsuche so wichtig ist und sinnvolle Arbeit viele Vorteile bringt, sagen immer mehr Menschen, dass sie ihr Leben als sinnentleert wahrnehmen. Dabei tragen vor allem Brüche in unserem routinierten Alltag dazu bei, dass wir uns die Sinnfrage stellen. Und solche Brüche erleben wir gegenwärtig häufig. Sie treten auf, wenn innere Widersprüche ein kritisches Maß überschreiten oder wenn äußere Ereignisse das bisherige Leben unterbrechen und infrage stellen. Damit geht die Erfahrung einher, dass Dinge nicht so sind wie angenommen, erwartet oder erhofft. Sinnkrisen sind schmerzhaft, können aber ebenso als produktive Phasen verstanden werden, da sie dazu motivieren, einen anderen – meist realistischeren – Blick auf die Welt zu entwickeln. Sie führen dazu, dass wir uns weiterentwickeln und unsere Ausrichtung immer wieder neu justieren.

2.2 Der Wandel

„Nichts ist so beständig wie der Wandel." Heraklit von Ephesos

Die Sinnlosigkeit ist immer eng verbunden mit dem Gefühl von Unsicherheit und Ohnmacht. Vereinbarungen, die wir gestern abgeschlossen haben, können heute schon wieder keine Gültigkeit mehr haben. Faktoren, die noch im ersten Quartal für das fortlaufende Geschäft entscheidend waren, können sich binnen kürzester Zeit verändern. Beständigkeit und Kontinuität, die noch vor 50 Jahren galten, sind obsolet geworden.

Gerade in Unternehmen ist diese dynamische Entwicklung zu spüren, da Produktlebenszyklen immer kürzer werden, Innovationen sich rasanter entwickeln und die Folgen sich schneller auf Kunden und Konkurrenten auswirken. Ein fünf Jahre alter Computer gilt mittlerweile als uralt und das Smartphone, das unseren Alltag drastisch verändert hat, ist gerade mal zwölf Jahre alt.

Die Anzahl unvorhersehbarer Ereignisse vergrößert sich kontinuierlich in der heutigen Gesellschaft und transformieren die Vorstellung eines beständigen Unternehmens, beziehungsweise Marktgeschehens, wie beispielsweise 2001 die Pleite von Enron, 2008 der Betrug bei den Lehman Brothers oder 2015 der Dieselskandal bei Volkswagen. Für Unternehmen bedeutet dies, dass ihre aufwendigen Investitionen in Forschung und Entwicklung sich nicht immer auszahlen. Das hat für die strategische Ausrichtung und Anpassung der Unternehmen vor allem nachhaltige Konsequenzen, was wiederum im beruflichen Alltag immer wieder zu neuen Veränderungen führt.

Dem ständigen Wandel ausgeliefert zu sein zeigte sich jedoch schon in vielen anderen Formen, weit vor der heutigen Zeit. Ganz gleich, ob ein Land von Krieg bedroht war oder von einer Epidemie oder von einer Hungersnot aufgrund einer Dürrephase: Gefahren, Katastrophen oder andere Unsicherheiten sind wiederkehrend, wie wir alle bei der Covid-19 Pandemie jüngst erleben mussten.

Angesichts dieser, sich schnell wandelnden Faktoren, kann es passieren, dass der Kraftaufwand und das Engagement für ein Ziel, ein Projekt oder eine Aufgabe von heute auf morgen wertlos werden. Best- und Höchstleistungen können in Misserfolgen enden, was eine sehr enttäuschende Auswirkung hat, mit der Folge des Gefühls den Geschehnissen ausgeliefert zu sein und nur noch passiv reagieren zu können. Dieses Empfinden von Ohnmacht und Verunsicherung erzeugt den Eindruck, dass wir hilflos sind und unser Handeln keinen Sinn mehr hat. Tatjana Schnell, Professorin für Psychologie an der Universität Innsbruck, hat bei ihren Untersuchungen festgestellt, dass etwa ein Drittel der Gesellschaft existenziell indifferent sind, was bedeutet, dass sie ihr Leben nicht als sinnerfüllt wahrnehmen, darunter aber nicht leiden. Sie glauben an Zufall, an Glück und Pech und schätzen ihre persönliche Verantwortung gering ein (Schnell 2016).

Die teilweise wahrgenommene Hilflosigkeit heutzutage ist möglicherweise durch die Abstraktion und Präsenz der Bedrohungen zu erklären, wie beispielsweise die Digitalisierung oder der Klimawandel. Sie sind schon lange präsent, werden aber erst relevant, wenn sie einen selbst betreffen. Hinzu kommt ein Überwiegen von negativen Nachrichten, die sich wiederum auf eine pessimistische Wahrnehmung auswirken. Dabei leben wir in einer Zeit, in der es den Menschen selten so gut ging wie uns heute. Die Arbeitslosigkeit war in den letzten Jahren so niedrig wie seit fast 40 Jahren nicht und 83 % der Deutschen geben an, dass sie keine finanziellen Sorgen haben (INSM 2017). In Konsequenz können Nachrichten also auch unsere Wahrnehmung verzerren und uns einen bedrohlicheren Eindruck vermitteln, als er möglicherweise tatsächlich ist (Pinker 2018).

Solche positiven Nachrichten nehmen wir aber verhältnismäßig wenig wahr, weshalb sie gerne in den Hintergrund geraten. Die vielen erfreulichen Entwicklungen, die wir erreicht haben, sind uns häufig nicht so gegenwärtig, wie die negativen Ereignisse. So ist in der Zeit von

1998 bis 2018 die extreme Armut auf der Welt nahezu halbiert worden und die Lebenserwartung in Europa hat sich in den letzten 200 Jahren mehr als verdoppelt (Rosling 2018). Statt uns über diese Entwicklung zu freuen, schauen wir schon am frühen Morgen die Nachrichten auf unserem Handy an, um festzustellen was in den acht Stunden, in denen wir geschlafen haben, passiert ist. Und wenn wir dann von Firmenskandalen, Waldbränden und missglückten Koalitionen lesen, werden wir sicherlich nicht voller Freude und Tatendrang aus dem Bett springen und uns auf den Tag freuen. Viel mehr entwickeln wir Ängste und Sorgen, wie sich unsere Gesellschaft entwickelt, wie unser Planet weiterhin existieren soll und welche Bedrohungen die nachfolgenden Generationen wohl erwarten werden.

Dabei fällt auf, dass es Menschen gibt, die besser mit dieser Situation umgehen können als andere. Das hat unter anderem auch mit unserer evolutionären Entwicklung zu tun.

Wenn wir in der Menschheitsgeschichte zurück denken, dann sind jene Zeiten, als wir noch Jäger und Sammler waren, weit entfernt, jedoch nicht unter dem Gesichtspunkt der Entwicklung unseres Gehirns, welches dem aus der Steinzeit immer noch sehr ähnlich ist. Damals war es notwendig, dass einige Mitglieder eines Stammes oder Dorfes die Vorräte bewachten und auf den Nachwuchs aufpassten, während die anderen in unbekannte Gebiete hinauszogen und sich neue Techniken und Strategien überlegten, um Nahrung zu beschaffen. Beide Menschen-Typen waren und sind wichtig und sie waren und sind aufeinander angewiesen.

Die heutigen Jäger oder auch die Erneuerer nutzen die Chancen und Möglichkeiten, die ihnen die Digitalisierung und Globalisierung bringt, sie sehen die Vorteile, die sich durch diese Entwicklung ergeben, sind agil und offen für die Entwicklungen der Zukunft und scheuen keine Herausforderungen. Die gegenwärtigen Sammler oder Bewahrer sehen eher die Gefahren, die sich aus dieser Entwicklung ergeben können und hinterfragen aktuelle Trends. Sie haben ein gutes Gespür für Risiko, gehen mit Vorsicht an Neues heran und bemühen sich darum Tradition und Kultur zu bewahren. Es scheint also eine Art Veranlagung zu geben, wie wir mit dem kontinuierlichen Wandel und seinen Folgen umgehen.

2.3 Vermeidungsstrategien

Neben der Veranlagung haben wir zusätzlich mittlerweile verschiedene Vermeidungsstrategien entwickelt, wie wir mit den vielen Unbeständigkeiten und Herausforderungen umgehen und uns die Sorgen vergessen lassen oder sie zumindest erträglicher machen. Dazu zählen unter anderem positive Selbstwahrnehmung, Projektion und Ablenkung.

Bei der positiven Selbstwahrnehmung entwickeln wir aus dem Bedürfnis heraus, unser Verhalten als kohärent und positiv zu sehen, ein idealisiertes Bild von uns selber, das mit unseren Wünschen und Erwartungen übereinstimmt. Wir finden gute Argumente und Erklärungen, warum wir so und nicht anders handeln können und verharmlosen unsere negativen oder egoistischen Seiten. Dabei nutzen wir gewisse Wahrnehmungsverzerrungen (siehe das Kapitel Selbst-Bewusst-Sein).

Projektion ist eine weitere Strategie: Wir beurteilen das Verhalten anderer, indem wir uns über sie erheben und damit gleichzeitig unser Selbstbild verbessern. Wir schütteln den Kopf über all jene, die noch weniger Umweltschutz betreiben als wir, damit unser Umweltverhalten als guter Ansatz erscheint oder wir sehen Kollegen als weniger effektiv in ihrer Arbeit und uns selber als effektiver. So glauben beispielsweise 72 % der deutschen Frauen, jünger auszusehen als ihre Altersgenossinnen.

Ablenkung ist ebenfalls eine Taktik: Wir spielen Computerspiele, schauen Serien, klicken uns durch Instagram oder ähnliches und versuchen, uns so ein wenig von dem frustrierenden Alltag abzulenken. Wir haben uns daran gewöhnt, dass wir ständig unterhalten werden, mit Nachrichten immer top aktuell informiert oder durch Messenger allzeit erreichbar sind. Nur ist es dabei schwer, sich selbst darüber klar zu werden, was uns persönlich tatsächlich wichtig ist und welchen Sinn wir verfolgen. Zu sehr sind wir mit der Informationsverarbeitung beschäftigt. Vielleicht merken wir aber auch dadurch, dass wir Kontakt, Nähe und die Wahrnehmung von anderen brauchen. Gleichzeitig stellt sich dadurch ja alles noch komplizierter dar. Werden dann klare Worte gesprochen und die Tatsachen etwas vereinfacht, ist leicht nachvollziehbar, dass Populisten, ganz gleich welcher Couleur, sich zur Zeit großer Beliebtheit erfreuen. Damit einhergeht allerdings auch eine Verrohung der Sprache. Die Vereinfachung durch Herabsetzung und Plattitüden bedient sich auch einer sehr wertenden Ausdrucksweise. Es geht nicht mehr um einen richtigen oder einen falschen Standpunkt, sondern darum, wer gut und wer böse ist. Und auch das führt zu einer weiteren Orientierungs- und Sinnlosigkeit.

2.4 Sinnlosigkeit macht krank

Wenn wir über längere Zeit sinnlose Arbeiten ausüben oder Aufgaben erledigen, die wir eigentlich nicht tun wollen, weil wir das große Ganze nicht mehr verstehen, werden wir krank. Die hohe Anzahl an psychosomatischen

Erkrankungen und die damit einhergehenden ansteigenden Fehlquoten in Unternehmen zeigen, dass hier ein eindeutiger Trend auszumachen ist. Der Mensch leidet unter sinnloser Tätigkeit und das wirkt sich auf seine Leistung, seinen Gemütszustand und seine Konzentration aus. Es gibt eine Vielzahl von wissenschaftlichen Forschungen, die mittlerweile belegen, wie relevant ein sinnerfülltes Leben für die Gesundheit ist. Bei Menschen, die ihr Leben als sinnvoll erleben, sind die typischen Merkmale von Alzheimer weniger ausgeprägt (Boyle et al. 2012), Entzündungsprozesse verringert (Friedman und Ryff 2012) und auch Krebspatienten, die in ihrer Krankheit einen Sinn erkennen können, haben eine geringere seelische Belastung, was wiederum den Heilungsprozess unterstützt (Winger et al. 2015). Es gibt inzwischen diverse Befragungen und Forschungen, die den Zusammenhang zwischen Sinn und Krankheit untersucht haben. Sinnlose Aufgaben führen zu Resignation, Traurigkeit, Zurückgezogenheit oder psychosomatischen Erkrankungen, die sich dann wieder auf die körperliche Gesundheit auswirken können.

2.5   Sinnsuche

Es gibt also gute Gründe, sich der Sinnfrage zu stellen, selbst wenn sie zunächst nicht einfach zu beantworten ist. Wenn es so schwer ist, herauszufinden, wonach wir eigentlich suchen und was der Sinn von allem ist, dann hilft es möglicherweise festzuhalten, was Sinn nicht ist (Schnabel 2018):

- Sinn ist nicht ein intellektuelles Konstrukt, das es zu verstehen gilt und universelle Gültigkeit hat. Hingegen ist es für jeden eine unterschiedliche Erkenntnis.

- Den Sinn zu finden ist kein Ziel, das man erreicht und sich dann zurücklehnen kann. Es ist vielmehr eine Bewegung in eine bestimmte Richtung.
- Sinn ist nicht gleich Glück. Jemand kann überaus glücklich sein auch ohne einen Sinn, wenn er vor dem Fernseher sitzt und sich bei einem tollen Film noch etwas zum Naschen gönnt. Und wir können durchaus anstrengende Zeiten durchleben, wohl wissend, dass sie einem höheren Sinn dienen, wie beispielsweise die vielen schlaflosen Nächte, die Eltern von Kleinkindern durchleben.

Worum geht es also bei der Sinnsuche?
Es geht darum sich mit sich selber auseinanderzusetzen. Um zu verstehen, wer wir sind und was uns bewegt, um zu erfahren, wie ich wirksam sein kann und was ich bewegen kann geht es häufig auch um Generativität, einer Haltung, die sich verpflichtet fühlt, etwas Bleibendes für die nachfolgende Generation zu schaffen. Es geht also um das Bedürfnis, an etwas mitzuwirken, das größer ist als man selber, das für weitere Generationen wirkt und das uns die Chance gibt, die Zukunft mitzugestalten.

In diversen wissenschaftlichen Forschungsarbeiten wurden Wege identifiziert, mit denen es Menschen leichter fällt ihren Sinn zu finden, wie zum Beispiel (Schnell 2016):

- In der Religion
- In der Natur
- Durch soziales Engagement
- Durch Selbsterkenntnis
- Durch Herausforderungen
- Durch Kreativität
- Durch Leistung

Um den eigenen Sinn in unserer Arbeit und auch im Leben zu finden, hilft es in jedem Fall, eine innere Haltung zu entwickeln.

2.6   Haltung entwickeln

Unsere innere Haltung, also die Einstellung mit der wir auf bestimmte Ereignisse, Objekte oder Menschen reagieren, entscheidet darüber, wie wir die Welt wahrnehmen. Sie drückt sich in unseren Überzeugungen, unserem Verhalten und unseren Gefühlen aus. Die innere Haltung führt zum Beschluss, ob wir etwas angehen oder uns dazu verleiten lassen, eine Aktion als zwecklos einzustufen. Sie ist entscheidend dafür, ob wir Dinge mit Freude und Begeisterung angehen oder eher mit Überwindung und Zwang. Wie sinnvoll wir unsere Arbeit wahrnehmen, hängt deshalb wesentlich mit unserer inneren Haltung zusammen. Diese wiederum entsteht durch Erfahrungen, die wir gemacht haben, Werten, die uns wichtig sind, sowie gesellschaftlichen Normen und ethische Ansprüche.

Dementsprechend verändert sich die innere Haltung in unserem Leben kontinuierlich durch neue Erfahrungen und Erlebnisse, die wir alltäglich sammeln.

Werden wir dann überschwemmt mit negativen Nachrichten oder Erfahrungen hat das Einfluss auf unsere Haltung, ebenso wie gute zwischenmenschliche Beziehungen, die uns Sicherheit und Vertrauen schenken oder das Gefühl der Selbstwirksamkeit oder der Eigenverantwortung. Alle Arten von Ereignissen und die Art und Weise wie wir sie betrachten, sind in der Lage unsere Haltung zu beeinflussen, positiv wie negativ. Im Umkehrschluss bedeutet dies, dass wir alle in der Lage sind, unsere innere Haltung selbst zu gestalten und zu verändern und es folglich möglich ist, Sinn und sinnvolle Arbeit für uns zu generieren.

Für diese Art der Veränderung ist ein Perspektiv-wechsel hilfreich, um bei wahrgenommener Sinnlosig-keit, die Haltung zu überprüfen. So kann beispielsweise die Betrachtung von Ungerechtigkeiten und einem Gefühl von Frustration zur Herausforderung und als Potenzial für Stärkenaufbau genutzt werden. Diese Momente als Trainingseinheiten zur Festigung unserer inneren Haltung zu sehen, könnte einen hilfreicheren Ansatzpunkt sein (Corssen 2004).

Selbst wenn wir unzufrieden mit unserer Situation sind und das Gefühl haben, das etwas sinnlos ist oder nicht fair, so haben wir uns selber doch entschlossen genau da zu sein, wo wir gerade sind, aufgrund der vielen eigenen Entscheidungen, die wir bis zu diesem Augenblick selbst gefällt haben. Folglich haben wir auch die Potenziale, unsere Haltung weiter zu entwickeln, was wiederum Ver-antwortung mit sich bringt. Mit der Bereitschaft, diese Verantwortung zu übernehmen, entsteht ein Gefühl der Wirksamkeit und generiert entsprechend eine Haltung, die in Konsequenz einen Sinn ergibt.

Sinnerfüllte Momente

Überlegen Sie sich Momente, in denen Sie ganz aus Ihrem inneren Bedürfnis sinnvoll gehandelt haben. Das können Momente der Unterstützung anderer gewesen sein, oder eine Gelegenheit, bei der Sie eine Meinung vertreten haben, die Ihnen wichtig war. Es kann etwas sein, von dem Sie lange geträumt haben und es dann in die Tat umgesetzt haben. Oder eine Herausforderung, die Sie gemeistert haben, obwohl Sie es sich eigentlich nicht zugetraut haben, die Ihnen aber wichtig war. Wenn wir Augenblicke, die wir als sinnerfüllt wahrnehmen, dann erleben und spüren wir eine ganz besondere Energie. Wie würden Sie bei sich diese Ener-gie beschreiben? Was hat dieses Erlebnis für Sie bedeutet? War es ein kraftvoller Moment? Halten Sie die Gedanken fest und nutzen Sie die Kraft dieser Momente für Zeiten, in denen Sie neuen Herausforderungen gegenüberstehen.

Stellt sich also die Frage, was genau darunter zu verstehen ist, die Verantwortung für seine innere Haltung zu übernehmen. Was können wir tun? Wo sind Ansätze für uns, an diesem Thema zu arbeiten?

Auf der Grundlage meiner Arbeit und meiner Erfahrung als Coach, habe ich ein Modell entwickelt, mit dem es leichter fällt, zu reflektieren, welche Einflüsse auf uns wirken, welche Faktoren uns umgeben und wie alles zusammenhängt. Darin enthalten sind fünf unterschiedliche Ansatzpunkte, die sich mit der Zeit herauskristallisiert haben und der Kern der Reflexion und der Entwicklungspotenziale einer inneren Haltung sind.

Um ein besseres Verständnis von unserer inneren Haltung zu bekommen, muss man sich seiner **Selbst-bewusst-sein.** Es geht darum, mit sich selbst in Kommunikation zu treten, seine Stärken und Entwicklungspotenziale zu kennen und sein Verhalten zu reflektieren. Hinzu kommt die Herausforderung, die eigene **Sinnhaftigkeit** zu untersuchen und zu identifizieren und zu erkennen was unsere Erfolge, Prioritäten und Motivationen sind. Dennoch kommen alle diese Erkenntnisse in der **Verbundenheit** mit Mitmenschen erst wirklich zum Tragen. Für diesen Austausch bedarf es der Treue zu sich selbst und damit der **Standhaftigkeit.** Dies bedeutet auch, Verantwortung zu übernehmen und Entscheidungen zu treffen, was sich in der eigenen **Handlungsfähigkeit** entfaltet (Abb. 2.1).

Abb. 2.1 Elemente der Haltung

In Zeiten von Disruption und Veränderung neigen wir dazu Vermeidungsstrategien zu nutzen, um uns bestehenden Unsicherheiten oder Sorgen nicht stellen zu müssen. Aber gerade in diesen Zeiten ist es um so wichtiger, sich seiner eigenen Haltung bewusst zu werden und entsprechende Verantwortung zu übernehmen, um Sinn wieder zu finden.

Literatur

Boyle PA, Buchman AS, Wilson RS, Yu L, Schneider JA, Bennett DA (2012) Effect of purpose in life on the relation between Alzheimer disease pathologic changes on cognitive function in advanced age. Arch Gen Psychiatry 69(5):499–504

Corssen J (2004) Der Selbst-Entwickler. Das Corssen Seminar. Verlagshaus Römerweg, Wiesbaden

Friedman EM, Ryff CD (2012) Living well with medical comorbidities: a biopsychosocial perspective. J Gerontol B Psychol Sci Soc Sci 67(5):535–544

INSM Initiative Neue Soziale Marktwirtschaft (2017) 11 Fakten zum Wohlstand in Deutschland. Berlin

Neßhöver C (2019) König Fussball. Wie Jürgen Klopp Gewinner formt – ein Training für Führungskräfte. Manager Magazin 5/2019

Pinker S (2018) Aufklärung jetzt. Für Vernunft, Wissenschaft, Humanismus und Fortschritt. Eine Verteidigung. Fischer, München

Rosling H (2018) Die Welt wird immer besser. https://www.faz.net/aktuell/wirtschaft/die-welt-wird-immer-besser-32-gute-nachrichten-15524076.html

Schnell T (2016) Psychologie des Lebenssinn. Springer, Heidelberg

Schnabel U (2018) Die Kraft der großen Sache. In der „Zeit" vom 27.12.2018, Rubrik Wissen, S 35

Winger JG, Adams RN, Mosher CE (2015) Relations of meaning in life and sense of coherence to distress in cancer patients: a meta-analysis. Psycho-Oncology 25(1):2–10

3

Selbst-bewusst-sein

Das Höchste, wozu der Mensch gelangen kann, ist das Bewußtsein eigener Gesinnungen und Gedanken, das Erkennen seiner selbst, welches ihm die Einleitung gibt, auch fremde Gemütsarten innig zu erkennen.
Johann Wolfgang Goethe

Inhaltsverzeichnis

© Springer-Verlag GmbH Deutschland, ein Teil von Springer
Nature 2020
T. Keller, *SINNvoll arbeiten*,
https://doi.org/10.1007/978-3-662-60596-7_3

Schon Goethe hat sich mit dem Weg zu sich selbst beschäftigt. Er bedeutete für ihn, neue Möglichkeiten zu finden, um auf andere Menschen und Gemüter zuzugehen und diese zu erkennen.

Sich seiner selbst bewusst sein, bedeutet, dass wir wahrnehmen, wie wir eigentlich funktionieren. Dabei geht es nicht um schneller, schöner, besser, sondern viel mehr um uns selbst. Denn nur wenn wir ein klares Bild von uns selber haben und wissen, was uns liegt und was uns nicht so gut gelingt oder was für Ereignisse uns zu welchem Verhalten veranlassen – egal ob positiv oder negativ –, sind wir auch in der Lage einen Sinn zu erkennen und unsere Haltung zu leben. Dazu gehören viele Faktoren, wie etwa die Auswirkungen von Ge- und Verboten oder Verhaltensweisen aus Egoismus oder Situationen, in denen wir um einen weiteren Entwicklungsschritt ringen.

Wenn wir üben, uns selber besser zu spüren, dann hat das nichts mit Selbstbezogenheit zu tun, sondern das ermöglicht uns, auch in schwierigen Situationen bewusst und richtig zu handeln und Haltung zu bewahren. Es geht dabei nicht um Selbstoptimierung und Selbstdarstellung. In Zeiten von Instagram und Facebook macht sich fast schon ein Nihilismus breit wie Byung-Chul Han, ehemaliger Professor für Philosophie und Kulturwissenschaft an der Universität der Künste Berlin, postuliert (Han 2019). Vielmehr geht es darum, sein Verhalten und sein Seelenleben aus einer Art Beobachterposition zu betrachten, um dadurch ein distanzierteres Bild von sich zu bekommen und sich damit selber besser zu verstehen.

Es hilft, die eigenen Stärken zu kennen und einzusetzen, zu wissen, welches unsere inneren Antreiber sind, wann wir es damit übertreiben und welche Vermeidungsstrategien wir haben. Entscheidend ist, sich bewusst zu machen, dass unsere Wahrnehmung ein unglaublich vielfältiges Repertoire bereit hält, womit wir uns die Welt mit ihren Geschehnissen erklären und ihnen begegnen können. Je besser der mentale Zustand gemanagt wird, desto besser können Potenziale genutzt werden, umso verantwortungsvoller treffen wir Entscheidungen und umso selbstsicherer treten wir auf (Höttges 2019).

3.1   Selbstwahrnehmung

Unterschiedliche Wahrnehmungsperspektiven verzerren unsere Eindrücke, aber auch die damit zusammenhängenden Interpretationen so sehr, dass wir uns selbst immer mal wieder aus der Beobachterperspektive betrachten sollten, um zu reflektieren und ehrlich zu uns selber zu sein, um dann mit Anderen auf Augenhöhe agieren zu können.

Wie unterschiedlich unsere Wahrnehmung sein kann, beschreibt die nachfolgende Geschichte aus Indien:

Wahrnehmungsunterschiede

Eine indische Geschichte über die Wahrnehmung:

Es waren einmal fünf Männer, die alle blind waren. Ein Weiser bat sie herausfinden, was ein Elefant ist. Sie wurden von Helfern zu einem Elefanten geführt. Die fünf Blinden standen nun um das Tier herum und versuchten, sich durch Ertasten ein Bild von dem Elefanten zu machen.

Als sie zurück zu dem Weisen kamen, begannen sie zu berichten. Der erste Blinde hatte am Kopf des Tieres gestanden und den Rüssel des Elefanten betastet. Er sprach: „Ein Elefant ist wie eine Schlange." Der zweite Blinde hatte das Ohr des Elefanten ertastet und sprach: „Nein, ein Elefant ist vielmehr wie ein großer Fächer." Der dritte Blinde sprach: „Aber nein, ein Elefant ist wie ein Baumstamm." Er hatte ein Bein des Elefanten berührt. Der vierte Blinde sagte: „Also ich finde, ein Elefant ist wie ein Seil, das am Ende ausgefranst ist", denn er hatte nur den Schwanz des Elefanten ertastet. Und der fünfte Blinde berichtete dem Weisen: „Also ich sage, ein Elefant ist wie eine runde Wand." Dieser Blinde hatte den Rumpf des

Tieres berührt. Nach diesen widersprüchlichen Äußerungen entstand ein Streitgespräch, weil sie sich doch nicht darauf einigen konnten, was ein Elefant wirklich ist. Da antwortete der Weise: Ihr habt alle recht. Der Grund, warum ihr eine so unterschiedliche Wahrnehmung des Elefanten habt, ist der, dass jeder von euch ein anderes Körperteil des Elefanten berührt hat. Denn in Wahrheit hat ein Elefant alle die Eigenschaften, die ihr erwähnt habt. (Verfasser unbekannt)

Wir erleben also Wahrnehmungsunterschiede, nicht nur weil wir unterschiedlich Erfahrungen machen, sondern auch weil wir immer nur einen Ausschnitt des Systems, der Gesellschaft, einer Person, eines Ereignisses etc. sehen. In der Psychologie wurden eine Reihe von Wahrnehmungsverzerrungseffekten definiert:

- Halo Effekt (Thorndike 1920): beschreibt eine übermäßige Vereinfachung in der Personenerkennung – wir schließen von bekannten Eigenschaften einer Person auf unbekannte Eigenschaften.
- Selektive Wahrnehmung (Lotto 2018): beschreibt die Tatsache, dass wir nur das wahrnehmen, was für uns gerade relevant ist, wie beispielsweise schwangere Frauen mehr andere schwangere Frauen sehen.
- Pygmalion Effekt (Rosenthal und Jacobsen 1983) beschreibt einen Erwartungseffekt, der unsere Wahrnehmung dahin gehend einschränkt, dass wir nur jene Dinge wahrnehmen, die unseren Erwartungen entsprechen.
- Hawthorne Effekt (Colbjørnsen 2003): beschreibt eine Veränderungen unseres Verhaltens, wenn wir uns beobachtet fühlen.

Die unterschiedlichen Wahrnehmungsverzerrungen nutzen wir zu unserer Entlastung und zur Komplexitätsreduktion. Das ist gut und sinnvoll, denn sonst wäre es häufig schwierig, sich zu orientieren. In jedem Fall ist es hilfreich und wichtig, wenn wir uns immer wieder bewusst machen, dass unsere Wahrnehmung nur von den eigenen persönlichen Erfahrungen geprägt ist und es möglicherweise mehrere Wahrheiten gibt.

Weil wir diese unterschiedliche Wahrnehmung haben, geben wir auch bestimmten Ereignissen um uns herum, ungleiche Bedeutungen. So ist beispielsweise für die meisten von uns Augenkontakt ein wichtiges Element der zwischenmenschlichen Kommunikation. Wenn wir aber in einem Gespräch mit jemandem sind, der uns nicht in die Augen schaut, fangen wir mit vielfältigen Interpretationen an: Die Person ist unsicher, sie hat Angst oder sie lügt, bis hin zu der Auslegung, dass die Person einen nicht mag oder unwichtig findet. Den wirklichen Grund, warum eine Person einer anderen nicht in die Augen schaut, kann aber auch ganz andere Ursachen haben, wie zum Beispiel Lichteinfall oder Konzentrationsschwäche.

3.2 Unbewusste Reaktionen

Der Augenkontakt ist nur ein Beispiel von vielen Verhaltensweisen, auf die wir häufig unbewusst reagieren. Es kann auch ein bestimmter Tonfall sein, der bei uns eine Reaktion auslöst oder eine Geste oder die Ausdrucksweise. Ganz egal, was es ist, wir reagieren darauf in unserer spezifischen Weise, manchmal auch stärker oder intensiver als es der Situation entspricht. Starke emotionale Reaktionen können verschiedene Ursachen haben. Das gilt sowohl für positive als auch für negative Gefühle.

Eine Person kann uns z. B. schon mehrfach negativ auf-
gefallen sein – sei es durch Äußerungen, Eigenarten, Auftreten etc., sodass wir in einer Situation unangemessen
reagieren. Redet beispielsweise jemand deutlich lauter
als andere, dann wird das schnell als dominantes Verhalten interpretiert, genauso wie das plötzliche Absenken
der Stimme das Gefühl auslösen kann, es soll etwas ver-
tuscht werden oder es handelt sich gar um ein Geheimnis. Genau so kann es uns bei positiven Ereignissen
gehen und wir reagieren womöglich mit übermäßiger
Freude, Rührung o. ä., wenn es gar nicht so spektakulär
ist. Unsere Reaktionen haben folglich viel mit unserem
persönlichen inneren Zustand zu tun und es liegt an uns
zu entscheiden, wie wir auf bestimmte Situationen reagieren wollen. Wenn wir uns diese Verhaltensweisen und
automatischen Reaktionen bewusst machen, erweitert das
unseren Handlungsspielraum enorm. Wir können aus den
gewohnten Reaktionen heraustreten und überlegen, ob es
eine andere Verhaltensweise gibt.

Eng verknüpft mit diesen automatischen Reaktionen
sind auch unsere inneren Motivatoren. Sie geben uns ein
Grundgerüst für unsere Denkstrukturen. Das Modell der
inneren Antreiber entwickelte Thaibi Kahler bereits in den
1970er Jahren im Anlehnung an die Transaktionsanalyse.
Dabei identifizierte er fünf Typen von Antreibern, die wir
im Laufe unserer Persönlichkeitsentwicklung – meistens
schon in der Kindheit – angeeignet haben und die uns in
schwierigen Situationen oder unter Stress reagieren lassen. Diese fünf Antreiber lauten: Sei stark, sei schnell, sei
perfekt, sei beliebt und streng dich an. Die Energie der
Antreiber kann durchaus positiv sein, gerade wenn wir
schwierige Situationen erleben. Sie können uns helfen
mehr Kräfte zu mobilisieren als wir uns zugetraut hätten,
oder auch zu deeskalieren, wo vielleicht sonst schwieri-
gere Konflikte entstanden wären. Sie haben aber auch

die Kraft, einen in die Irre zu führen und zu irrationalen
Verhalten zu verleiten. So haben alle Antreiber hilfreiche
und einschränkende Seiten, wie beispielsweise der „Sei
beliebt" Antreiber. Einerseits kann er durch seinen hohen
fürsorglichen, harmonieorientierten Anteil gut für das
Gemeinschaftsgefühl in einer Gruppe sein. Aber jemand
mit diesem Antreiber hat möglicherweise auch häufiger
Schwierigkeiten, Nein zu sagen und kann sich bei schlechter Stimmung kaum auf die sachliche Ebene konzentrieren. Etwas, was der „Sei stark" Antreiber, wiederum ganz
gut kann, da er lange die Zähne zusammenbeißt und sich
damit schwer tut, anderen zu vertrauen. Dafür aber ist er
sehr belastbar und behält die Ruhe, wenn es schwierige
Situationen gibt. Bei dem Antreiber „Sei schnell" besteht
ein hoher Energielevel und der Wunsch, die Dinge anzugehen und zu erledigen. Allerdings bleiben da manchmal die Genauigkeit und der Blick für das Wesentliche
auf der Strecke. Ganz anders der „Sei perfekt" Antreiber.
Bei ihm wird jedes Detail bedacht und alles fehlerfrei
bearbeitet. Allerdings dauert es leicht mal länger, bis die
Arbeitsergebnisse vorliegen und der Umgang mit Fehlern
fällt Menschen mit diesem Antreiber besonders schwer.
Einen ähnlichen Arbeitseifer haben auch jene, die „Streng
Dich an" als Antreiber haben. Sie messen die Qualität
einer Arbeit häufig an dem Aufwand, der notwendig war,
um das Ergebnis zu erreichen. Sie arbeiten hart und aus-
dauernd, was ihren Energielevel und ihr Wohlbefinden
schwächt.

Aus den Antreibern entwickeln sich eine ganze Reihe
von Glaubenssätzen die zu emotionalen Reaktionen führen und das sollten wir uns bewusst machen. Häufig
waren diese Denk- und Verhaltensweisen zu einem früheren Zeitpunkt in unserem Leben hilfreich – womöglich
um schwierige Situationen zu meistern – sind aber zum
aktuellen Zeitpunkt möglicherweise weniger konstruktiv.

Nur weil sie damals funktioniert haben, hinterfragen wir sie später nur noch selten zu einem späteren Zeitpunkt. Aufgrund unserer persönlichen Entwicklung und Reifung haben wir aber in der Regel weitere Möglichkeiten und Fähigkeiten ausgebildet, die Handlungsalternativen für solche schwierigen Situationen sein können.

Kennenlernen, beobachten und bewerten der eigenen Person – also der gesamte Wahrnehmungsprozess unserer eigenen Person ist herausfordernd. Womöglich erkennen wir Schwächen und Verhaltensweisen, die wir nicht mögen. Oder wir ärgern uns über Themen, die wir noch immer nicht aufgelöst oder bearbeitet haben. Vielleicht treffen wir auf Verhaltensweisen, die wir schon lange loswerden wollten, es aber immer noch nicht geschafft haben. Möglicherweise schämen wir uns auch für Themen, die uns unangenehm sind. Je klarer aber das Bild von uns ist, desto besser können wir uns in der Welt bewegen, besser für uns sorgen und wesentlich erfolgreicher mit schwierigen Situationen umgehen (Keller 2017).

Um sich selber besser zu verstehen und seine Verhaltensweisen besser einschätzen zu können, gibt es unterschiedliche Wege. Hierbei helfen zahlreiche Testverfahren, die einem einen ersten Anhaltspunkt geben können, welche Eigenschaften die Persönlichkeit beschreiben. Sie alle funktionieren über das Beantworten von Fragen und werten diese dann nach bestimmten Kategorien aus. So gibt es den Insights-Test, der die Antworten den vier Farben blau, rot, grün und gelb zuordnet. Überwiegen beispielsweise jene Antworten, die für Blau stehen, ist die Person vorsichtig, genau, und besonnen. Gelb dagegen steht für umgänglich, schwungvoll und enthusiastisch. Ein weiterer Test ist der Big Five Test, der fünf Persönlichkeitsmerkmale erfasst: Offenheit, Verträglichkeit, Extrovertiertheit,

Gewissenhaftigkeit und Neurotizismus (empfindlich, labil). Das Ergebnis zeigt auf, wie diese Merkmale bei der Person verteilt sind. Es gibt auch verschiedene Stärkentests wie beispielsweise den Gallup Strength Finder oder der VIA Charakterstärkentest.

VIA Charakterstärkentest

Der VIA Charakterstärkentest wurde von Martin Seligman und Christopher Petersen und der Unterstützung eines großen Wissenschaftlerteams entwickelt (Peterson und Seligman 2004). Sie recherchierten nach Tugenden, die universelle Gültigkeit besaßen und kamen auf die folgenden sechs Tugenden: Weisheit/Wissen, Mut, Menschlichkeit, Gerechtigkeit, Mäßigung und Transzendenz. Diesen sechs Tugenden wurden dann insgesamt 24 Stärken zugeordnet (Abb. 3.1). Unter www.charakterstaerken.org ist es möglich diesen Test, der sich aus 240 Fragen zusammensetzt, durchzuführen. Sie erhalten dann eine Reihung der 24 Stärken in der Reihenfolge, wie sie zu ihren derzeitigen Prioritäten passt. (Interpretationshilfe siehe Keller 2017 oder auch Niemic 2019). Das Bewusstsein über unsere Stärken erlaubt uns, aktiver und erfolgreicher zu handeln und diese intensiver zu nutzen. Und dies bringt uns letztendlich immer mehr Sicherheit und Souveränität.

Weisheit und Wissen	Mut	Menschlichkeit	Gerechtigkeit	Mäßigung	Transzendenz
Kreativität / Einfallsreichtum	Authentizität / Aufrichtigkeit	Freundlichkeit / Großzügigkeit	Teamfähigkeit / Loyalität	Vergebungsbereitschaft / Gnade	Sinn für das Schöne und Gute
Urteilsvermögen / Kritisches Denken	Tapferkeit / Mut	Bindungsfähigkeit / Fähigkeit zu lieben	Führungsvermögen	Bescheidenheit / Demut	Dankbarkeit / Demut
Neugier / Interesse	Ausdauer / Beharrlichkeit / Fleiß	Soziale Intelligenz	Fairness / Gleichheit / Gerechtigkeit	Vorsicht / Umsicht	Hoffnung / Optimismus
Liebe zum Lernen	Lebenskraft / Tatendrang / Enthusiasmus			Selbstregulation / Selbstkontrolle	Humor / Verspieltheit
Weitsicht / Weisheit					Spiritualität / Glaube

Abb. 3.1 Die sechs Tugenden und die Charakterstärken

Die verschiedenen Testverfahren bringen immer die Gefahr mit sich, dass sie ein Denken in Schubladen erzeugen. Deshalb sollten sie nur als Orientierung und als Unterstützung zur Wahrnehmung der eigenen Persönlichkeit gesehen werden.

3.3   Emotionen als Wegweiser

„Gefühle öffnen die Tür für ein gewisses Maß an willentlicher Kontrolle der automatisierten Emotionen." Damasio

Bei der Erforschung unseres Selbst sind Emotionen ein wichtiger Hinweis. Antonio Damasio, ein portugiesischer Neurowissenschaftler, der an der University of South Carolina lehrte, zeigt in seinem Buch „Im Anfang war das Gefühl" auf, dass all unser menschliches Handeln maßgeblich von unseren Gefühlen geprägt ist. Wir essen, wenn wir Hunger fühlen, wir kämpfen, wenn wir uns bedroht fühlen und wir unterstützen, wenn wir uns stark fühlen. Damasio sieht aber die Gefühle auch als Auslöser für unsere geistige Arbeit, da geistige Arbeit, also unsere Gedanken, durch emotionale Impulse ausgelöst werden. So hat das Gefühl des Schmerzes zu vielen geistigen Anstrengungen bezüglich der Schmerzminderung geführt, einem wichtigen Teil unserer Medizin (Damasio 2017).

Der enge Zusammenhang zwischen unseren Emotionen und unserem Körper werden in dem noch relativ jungen Forschungsgebiet der Psychoneuroimmunologie untersucht. Genau genommen erforscht sie die Wechselwirkungen zwischen der Psyche, dem Nervensystem und dem Immunsystem. Die Grunderkenntnis dieser Forschung besagt, dass unsere Gedanken einen entscheidenden Einfluss auf unser Immunsystem, den Hormonhaushalt und damit auf unser gesundheitliches Befinden haben.

So wissen wir mittlerweile, dass lange anhaltender Stress dem Körper schadet und umgekehrt, dass eine positive Lebenseinstellung zu besserer Gesundheit führt. Lee und Enright haben beispielsweise herausgefunden, dass es zu Erkrankungen führen kann, wenn wir einem anderen nicht vergeben können (Lee und Enright 2019).

All diese körperlichen Anzeichen, die auch somatische Marker genannt werden, treten im selben Moment auf, wie die Emotionen. Sie können uns wertvolle Hinweise geben, wenn wir beispielsweise eine Gänsehaut spüren oder das berühmte Kribbeln im Bauch, weil wir in diesem Augenblick mehr Zuwendung bekommen, als wir erwartet haben. Oder aber auch, dass unsere Grenze überschritten wurde und wir einen Kloss im Hals haben oder Erröten. Damit wir diese Signale wahrnehmen können, bedarf es einer erhöhten Achtsamkeit.

Somatische Marker erkennen

Überprüfen Sie selber: Wenn Sie das nächste Mal in eine unangenehme Situation kommen, achten Sie auf körperliche Reaktionen. Welche stellen Sie fest? Und wie verändern Sie sich? Was spüren Sie? Stockt Ihnen der Atem, rast ihr Herz, spannen Sie die Schultern an, beißen Sie vielleicht die Zähne zusammen oder schnürt sich ihr Hals zu? Alle diese körperlichen Zeichen könnten wir schon viel früher wahrnehmen, wenn wir darauf achten, welche Indikatoren sich in bestimmten Situationen bei uns zeigen, die einen Widerstand hervorrufen.

Es geht hierbei aber nicht um eine Emotionalisierung des Alltags. Immer wieder höre ich in Workshops Aussagen wie: „Das fühlt sich gerade nicht gut an!" oder „Ich kann das gerade nicht so fühlen!". Eine prinzipielle Wahrnehmung der Gefühle ist zwar grundsätzlich gut, doch sollten wir letztendlich daraus auch Handlungen ableiten und nicht bei dem Gefühl stehen bleiben.

Die Fragen, die darauf folgen müssen, sind dann:

- Warum fühlt sich das nicht gut an?
- Was bewegt die Person?
- Welche Gedanken kommen ihr in den Sinn?
- Und wie kann es geändert werden? Gemeinsam, allein, offen ansprechen oder respektieren, runterschlucken oder ärgern?

Stelle ich in den Coachings oder Workshops solche Fragen, dann entsteht häufig erst eine gewisse Ratlosigkeit. Denn wirklich über Emotionen zu reden, fällt vielen von uns schwer. Wir können zwar emotional reagieren, aber dies geschieht eher auf eine unreflektierte Art. Der Umgang mit den Gefühlen im Sinne der Emotionalen Intelligenz aber beschreibt eine reflektierte Herangehensweise an Gefühle. Es handelt sich also um eine Mischung aus Emotion und Verstand. Denn der Mensch besteht nicht nur aus Gefühlen oder nur aus Verstand, sondern gerade in der Wechselwirkung liegt die besondere Kraft.

3.4   Selbstführung

Sind wir in der Lage unsere Gefühle zu reflektieren, sie also in Verbindung zu den Ereignissen zu bringen und entsprechend konstruktiv und bewusst auszudrücken, erlangen wir Sicherheit und Beständigkeit. Wir werden flexibler, effektiver, kompetenter und damit auch souveräner. Mit der Zeit entwickeln wir einen inneren Frieden, der uns selber auch mehr Gelassenheit und Zuversicht schenkt. Doch dazu müssen wir die Führung für uns selbst übernehmen.

Unsere Emotionen regulieren zu können, ermöglicht uns, in den verschiedenen Situationen differenzierter zu reagieren. Regulieren bedeutet dabei nicht, dass wir unsere Gefühle unterdrücken. Vielmehr lernen wir, sie in einem anderen Licht zu sehen und mit ihnen umzugehen. Durch diese Art der Selbstführung gewinnen wir Vertrauen, sowohl zu anderen, als auch zu uns selber. Wir lassen uns nicht mehr von Wut, Angst, Frustration und Neid leiten, sondern wir sind in der Lage, die eigenen Emotionen wahrzunehmen, zu hinterfragen und daraus ein bestimmtes Verhalten abzuleiten. Im Umgang mit negativen Gefühlen ist es hilfreich, sich bewusst zu machen, dass diese eine wertvolle Unterstützung für uns sind. Sie lösen in uns eine erhöhte Aufmerksamkeit und Konzentration aus. Wir vermuten eine Gefahr und sind bereit zu reagieren. So gesehen hat jedes negative Gefühl eine hilfreiche Funktion:

- **Wut** macht uns darauf aufmerksam, dass unsere Grenze gerade überschritten wird und regt uns an, eine bessere Abgrenzung klar zu kommunizieren
- **Ekel** bewahrt uns vor Verdorbenem und Giftigem, aber auch vor Personen oder Situationen, die uns nicht behagen
- **Angst** zeigt uns, dass wir womöglich gerade unsere Komfortzone verlassen und deshalb besonders aufmerksam sein sollen
- **Trauer** verschafft uns Zeit und Raum, um Menschen oder Dinge loszulassen, die wir verloren haben.

Diese Perspektive auf negative Emotionen unterstützt einen konstruktiven Umgang mit ihnen. Es braucht etwas Übung, den passenden Blick in den jeweiligen Situationen einzunehmen, aber es hilft langfristig Anspannung abzubauen.

Auch positive Gefühle sind bedeutsam, denn sie erlauben uns, Neues auszuprobieren und erweitern unseren Horizont. Offenheit für Vielfalt und das Aushalten von Unsicherheit fällt uns viel leichter, wenn wir eine positive Grundeinstellung haben. Barbara Fredrickson hat dabei zehn positive Emotionen identifiziert, wie beispielsweise Dankbarkeit, Freude, Interesse, Ehrfurcht, Stolz oder Hoffnung, die unser Leben besonders verbessern (vgl. Anhang) (Fredrickson 2011). Wenn es uns gut geht, dann lassen wir auch mal fünf gerade sein. Wir sind großzügiger und entspannter, zugleich auch offener, kompromissbereiter und flexibler. Verbindet man die positiven Emotionen mit unseren individuellen Stärken, sind wir mit Leidenschaft und Begeisterung dabei.

Fragen um seine Stärken besser nutzen zu können, sind beispielsweise:

• Wofür brenne ich?
• Wann passiert es mir, dass ich gar nicht merke wie die Zeit vergeht?
• Welche Tätigkeiten begeistern und fesseln mich so, dass ich in den sogenannten Flow komme?
• Was gibt mir Kraft und Energie?

Wenn wir das erkennen und wissen, können ungeahnte Potenziale freigesetzt werden.

Häufig ist es mit der Selbstwahrnehmung aber gar nicht so einfach, weil wir keine stringenten Wesen sind, die immer gleich reagieren und konstante Empfindungen haben. Vielmehr sind unsere Verhaltensweisen tages- oder auch situationsabhängig. Es ist sehr schwer das „Selbst" zu definieren, wenn wir an einem Tag wohl gelaunt und fröhlich jeden Zynismus eines Kollegen wegstecken können und an einem anderen Tag die kleinste Anmerkung übel nehmen. Mal haben wir das Gefühl, alles im Griff zu haben und dann plötzlich fühlt es sich wieder so an, als ob wir gar nichts können. Wir würden gerne etwas Neues wagen und im nächsten Moment trauen wir uns nicht. Diese gegensätzlichen Stimmungen machen ein einheitliches Bild der Selbstwahrnehmung schwer.

Wir führen auch immer wieder innerlich Selbstgespräche, die dazu dienen können, uns eine Meinung zu bilden, beziehungsweise unsere Prioritäten abzuwägen. Sind aber die Standpunkte, zwischen denen wir uns bewegen, zu unterschiedlich, kann dieser Zustand uns lähmen und blockieren. Beispielsweise wenn unser Wunsch nach Anerkennung so groß ist, dass wir nicht um Hilfe bitten wollen oder unser Harmoniebedürfnis so groß ist, dass wir lieber still sind, anstatt uns in eine Angelegenheit einzumischen. Sich bewusst zu machen, dass wir dann nicht faul sind, sondern nur ein Teil von uns faul ist, oder dass wir nicht feige sind, sondern einen harmoniebedürftigen Anteil haben, erleichtert einen kritischen Blick auf uns selbst (Dietz und Dietz 2008).

Um zu verstehen, wie es in unserem Inneren funktioniert, kann man sich die verschiedenen Standpunkte und Stimmungen wie eine Gemeinschaft vorstellen, die durch unser Selbst gesteuert wird. Dieser Ansatz wurde von verschiedenen Psychologen verfolgt, wie bei dem „Inneren Team" von Friedman Schulz von Thun (1998), dem Ansatz des „Voice Dialog" von Hal und Sidra Stone (2000) oder dem „Internal Family System" von Richard Schwartz (2011).

In dem Modell von Schwartz werden die inneren Teile in drei unterschiedliche Gruppen eingeteilt: Die Manager, die Beschützer und die Verletzten. Die Manager sind jene Anteile von uns, die unseren Alltag organisieren. Sie sind aktiv, organisiert und leistungsfähig. Durch sie schaffen wir unseren Alltag und erzielen unsere Erfolge. Sie sorgen dafür, dass wir uns nicht schwach und hilflos fühlen, sie aktivieren uns. Die Beschützer hingegen werden aktiv, wenn wir das Gefühl haben, etwas von uns wird bedroht. Sie haben eher einen impulsiven Charakter. Ohne lange zu überlegen entwickeln sie Strategien, damit unsere unangenehmen Gefühle nicht zu stark werden. Das können manchmal recht spontane und auch intensive Reaktionen sein, wie ein Wutausbruch. Aber auch ein Rückzug oder eine Blockade, damit wir uns nicht weiter der Situation aussetzen müssen, können Strategien sein, die wir aufbauen, um unangenehme Gefühle zu vermeiden. Die verletzten Teile in uns sind schließlich jene Aspekte, die empfindsam und unsicher sind. Sie stammen oft aus Erfahrungen, die nicht gut verarbeitet wurden (Dietz und Dietz 2008). Wir spüren sie, wenn ein wunder Punkt von uns getroffen wird. Ziel der Manager und Beschützer ist es, die verletzten Anteile in uns möglichst zu verstecken und abzuschirmen, da diese manchmal zu heftigen emotionalen Reaktionen führen, wie beispielsweise Weinen oder übertriebene Scham. Dann fühlen wir uns verletzlich. Bei der Selbstführung müssen wir erkennen, ob ein Teil von uns bei unserem Verhalten im Vordergrund steht oder ob unser Selbst in der Lage ist, die Teile zu führen. Die Herausforderung steckt dabei in der Akzeptanz der Gefühle und damit der Möglichkeit handlungsfähig zu bleiben und sich den anstehenden Herausforderungen zu stellen. Die mangelnde Fähigkeit, Kritik zu ertragen könnte so ein verletzter Teil sein, da sich derjenige bei Kritik immer gleich inkompetent und dumm fühlt. Die Person hat das Gefühl: ‚Schon wieder habe ich was falsch gemacht, ich kann das ja sowieso nicht.'. Da dieses Gefühl unangenehm ist, kommt ein Beschützer und geht zum Gegenangriff über, in Form von Vorwürfen und Zurückweisungen. Ein Beschützer ist beispielsweise in der Lage einen veritablen Wutanfall zu erzeugen, damit keine weiteren vermeintlichen Bedrohungen zu erwarten sind. Seine

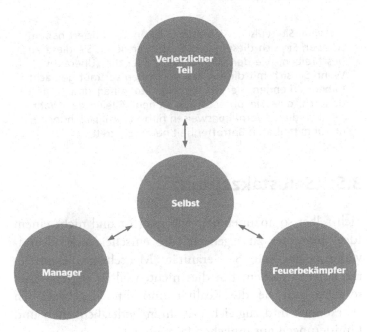

Abb. 3.2 Persönlichkeitsteile

Reaktionen sind eher spontan, impulsiv und unreflektiert, während der Manager eher vorausschauend, kontrolliert ist und uns dabei hilft, Schwächen zu verbergen. Das Selbst hat dabei eine übergeordnete Rolle und koordiniert die verschiedenen Teile (Dietz und Dietz 2008) (Abb. 3.2).

Übung Persönlichkeitsteile erkennen

Versuchen Sie ein paar typische Feuerbekämpfer von sich zu erkennen. Dies gelingt in dem Sie überlegen, welche Verhaltensweisen immer wiederkehren, wenn Sie unter Stress sind. Dabei sind nicht nur Zeitstress oder Prüfungsdruck gemeint, sondern auch Konflikte oder nicht erreichte Ziele. Welche Strategien wenden Sie dann an? Fangen Sie an besonders viel zu reden? Oder vielleicht werden Sie stur und ziehen sich zurück? Werden Sie besonders aktiv? Oder vielleicht sprechen Sie lauter?

Wenn Sie typische Verhaltensweisen identifiziert haben, schauen Sie sich diese genauer an. Versuchen Sie diese zu beschreiben, wie der „Vielredner", oder die „Überaktive". Wenn Sie sich mit diesem Teil von Ihnen vertraut gemacht haben, erkennen Sie ihn schneller im Alltag und spüren dadurch, dass Sie unter Druck stehen. Alleine das Wahrnehmen dieser Verhaltensweisen hilft manchmal schon, aus der unmittelbaren Betroffenheit heraus zu treten.

3.5   Selbstakzeptanz

Sich selber so anzunehmen wie man ist und nicht einem Ideal hinterher zu jagen, ist die entscheidende Grundvoraussetzung für Souveränität. Menschen, die souverän auf uns wirken, tun dies nicht, weil sie perfekt sind, sondern weil sie die Realität und ihre Gegebenheiten anerkennen und zugleich mit ihren Verletzlichkeiten und Limitierungen gut umgehen können.

Selbstakzeptanz beginnt schon mit unserer inneren Wertung. Und die beginnt mit der Wahrnehmung: Was wir als richtig oder falsch, als gut oder schlecht, als wahr oder gelogen ansehen, ist subjektiv. Wir bilden uns schnell ein Urteil oder eine Meinung. Vor allem, wenn die Dinge nicht so laufen, wie wir sie uns vorgestellt haben, bewerten wir adhoc. Wir vergleichen uns mit anderen, um einschätzen zu können, wo wir in der Gemeinschaft stehen.

In Untersuchungen wurde die Frage gestellt: „In welcher Welt würden Sie lieber leben: In einer, in der Sie 50.000 EUR pro Jahr und die anderen halb so viel verdienen, oder in einer Welt, in der Sie 100.000 EUR pro Jahr und die anderen doppelt so viel erhalten?". Fast alle Befragten wählen die erste Alternative. Das zeigt, dass unsere Zufriedenheit mit uns selber wesentlich davon abhängig ist, mit wem wir uns vergleichen (Schnell 2016). Dieser soziale Vergleich ist es auch, der es uns so schwer macht, uns so zu akzeptieren wie wir sind. Gerade durch die sozialen Medien ist die Grundlage für unsere Vergleichbarkeit extrem gewachsen. Mussten wir uns früher nur mit unserem unmittelbaren Umfeld vergleichen, treten wir heute regelrecht gegen die ganze Welt an. Dass wir da manchmal verzweifeln und immer wieder einem perfekten Ideal hinterherjagen, ist nachvollziehbar, aber leider nicht hilfreich.

Es fällt uns allgemein schwer, die eigenen Schwächen und Unzulänglichkeiten einzugestehen. Der häufig darauffolgende Ärger und Unmut nagt dann direkt am Selbstbewusstsein. Wenn wir aber wissen, dass wir in unserem Alltag Verletzlichkeit zeigen dürfen und nicht immer perfekt sein müssen, dann hat das für uns alle eine entlastende Funktion. Es erzeugt Leichtigkeit und stellt Nähe zu anderen her. Überlegen wir doch einfach mal, welche Helden wir in Filmen mögen? Die, die immer alles perfekt machen oder doch eher die, bei denen einiges schief läuft und die dann versuchen, daraus das Beste zu machen? Nicht perfekt zu sein, bedeutet weder, dass ich nicht mein Bestes gegeben habe, noch bedeutet es, dass ich unzulänglich bin. Es zeigt eher, dass ich menschlich bin und es mir genau so geht, wie vielen anderen auch. Sich zugänglich zeigen heißt aber nicht, sein ganzes Privatleben bei der Arbeit auszubreiten oder Vertrautheiten und Intimitäten zu erzählen. Wenn beispielsweise Barack Obama über die Gefühle zu seiner Frau in der Öffentlichkeit redet, dann ist dies immer auf eine Art und Weise, die ihn sehr menschlich wirken lässt, ohne dass er dabei irgendein privates Detail verrät. Diese Form der Nähe erzeugt Sympathie, Vertrauen und Glaubwürdigkeit. Es geht also nicht darum, so wenig Fehler wie möglich zu machen, sondern viel mehr geht es darum, wie wir mit unseren Rückschlägen, Fehlern und Missgeschicken umgehen. Wir assoziieren Fehler häufig mit Inkompetenz und Schwäche. Dabei sind Fehler nur ein Zeichen von mangelnder

Erfahrung, aber nicht von fehlender Intelligenz. Und aus Fehlern können wir bekanntermaßen lernen.

Wenn wir uns über einen Fehler oder ein Missgeschick ärgern, gibt es beispielsweise einen Teil in uns, der sich schämt oder sich schwach und inkompetent fühlt. Dieser innere Kritiker fängt sofort an aufzuhorchen und uns das Leben schwer zu machen. Dann sollten wir uns darüber bewusst sein, dass dies nur ein Teil von uns ist, der gerade nicht die Leistung erbracht hat, die wir wollten. Dass nicht die ganze Person dadurch infrage gestellt wird, hilft uns mit solchen Situationen besser umzugehen. Menschen mit einer guten Resilienz, also der Fähigkeit mit Rückschlägen gut umgehen zu können, sind sehr gut darin, nicht durch jeden Rückschlag vollständig an sich zu zweifeln und nicht jedes negative Ereignis auf sich zu beziehen. Sie sehen, dass sie einen Fehler gemacht haben und schauen bestenfalls welches Lernpotenzial darin steckt, damit es beim nächsten Mal besser läuft. So ist das Thema vorerst für sie abgehakt und nagt nicht mehr am Selbstbewusstsein.

Carola Dweck, Professorin für Psychologie in Stanford, hat bei ihrer Forschungsarbeit festgestellt, dass wir zwei Formen von Selbstbildern entwickeln können. Das dynamische Selbstbild, das Menschen mit einer hohen Resilienz haben, geht davon aus, dass wir lernfähig sind, also aus Fehlern und Unzulänglichkeiten lernen können. Aus dieser Perspektive ist ein Fehler eine wichtige Möglichkeit sich zu entwickeln, selbst wenn es eine schmerzliche Erfahrung ist. Diese Menschen können mit Humor und Leichtigkeit sehen, wo ihr aktueller Erfahrungsstand ist und was es als nächstes zu lernen gibt. Hingegen fällt es Menschen mit einem statischen Selbstbild schwerer, mit Fehlern und Rückschlägen umzugehen, da ein Fehler eher als Beleg für fehlende Kompetenz und Intelligenz gesehen wird (Dweck 2013).

Tipps für ein dynamischeres Selbstbild

1. Fehler akzeptieren und als Lernchance sehen
2. Misserfolge als Entwicklungsoption wahrnehmen
3. Das Wort „versagen" durch das Wort „lernen" ersetzen
4. Der Prozess ist wichtiger als das Ergebnis
5. Konstruktive Kritik positiv bewerten und umsetzen
6. Den Ausdruck „noch nicht" häufiger verwenden

Und sollten wir uns manchmal unsicher sein, welches der richtige Weg ist oder die passende Form, dann ist es auch möglich, darüber zu reden. Ein permanentes professionelles und makelloses Auftreten schafft Distanz, während das Zeigen von Menschlichkeit Verbundenheit fördert. Der Stress, den wir häufig empfinden, entsteht folglich maßgeblich aus den Bewertungen und Erwartungen, die wir einer Situation zuordnen. Anstatt sie einfach so anzunehmen, wie sie ist und zu überlegen welche Handlungsoptionen sich aus den bestehenden Ereignissen ergeben, setzen wir uns unter Druck.

Eine gute Selbstwahrnehmung und ein wertschätzendes Selbstbild helfen in unbeständigen Zeiten, Stabilität zu gewinnen. Sich seiner Emotionen, Gewohnheiten und Potenziale bewusst zu sein, ermöglicht es, in Selbstführung zu gehen und dadurch souveräner und achtsamer mit neuen Herausforderungen umgehen zu können.

Literatur

Colbjørnsen T (2003) Der Hawthorne-Effekt oder die Human-Relations-Theorie: Über die experimentelle Situation und ihren Einfluss. In: Stein Ugelvik L, Zimmermann E (Hrsg) Theorien und Methoden in den Sozialwissenschaften. VS Verlag, Wiesbaden

Damasio A (2017) Im Anfang was das Gefühl. Der biologische Ursprung menschlicher Kultur. Siedler Verlag, München

Dietz I, Dietz Thomas (2008) Selbst in Führung. Achtsam die Innenwelt meistern. Junfermannverlag, Paderborn

Dweck C (2015) Selbstbild – Wie unser Denken Erfolge oder Niederlagen bewirkt. Piper, München

Fredrickson B (2011) Die Macht der guten Gefühle.Wie eine positive Haltung ihr Leben verändert. Campus, Frankfurt

Han BC (2019) Vom Verschwinden der Rituale – Eine Topologie der Gegenwart. Ullstein, Berlin

Höttges T (2019) Vortrag auf der Rotarier Convention in Hamburg. https://vimeopro.com/rotary/hamburg-international-convention/video/339210725. Zugegriffen: 18. Juli 2019

Keller T (2017) Persönliche Stärken erkennen und trainieren. Hinweise zur Anwendung und Interpretation des Charakterstärken-Tests. Springer Verlag, Heidelberg

Lee Y, Enright R (2019) A meta-analysis of the association between forgiveness of others and physical health. Psychol Health 34(5):1–18th of January 2019

Lotto B (2018) Anders sehen. Die verblüffende Wissenschaft der Wahrnehmung. Goldmann, München

Niemic R (2019) Charakterstärken – Training und Interventionen für die Praxis. Hogrefe, Bern

Peterson C, Seligman M (2004) Charakter strength and virtues. A handbook and classification. Oxford University Press, New York

Rosenthal R, Jacobsen L (1983) Pygmalion im Unterricht – Lehrererwartungen und Intelligenzentwicklung der Schüler. Beltz Verlag, Weinheim

Schnell, T (2016) Psychologie des Lebenssinn. Springer, Heidelberg

Schulz von Thun F (1998) Miteinander reden. Das „innere Team" und situationsgerechte Kommunikation, Bd 3. Rororo Verlag, Hamburg

Schwartz R (2011) Systemische Therapie mit der inneren Familie. Klett Cotta, Stuttgart

Stone H, Stone S (2000) Du bist viele. Das 100fache Selbst und seine Entdeckung durch die Voice-Dialogue-Methode. Heyne Verlag, München

Thorndike EL (1920) The Constant Error in Psychological Ratings. Journal of Applied Psychology 4:25–29

4

Sinn durch Werte und Prioritäten

*Suche dir eine Arbeit, die Du liebst – dann brauchst du keinen Tag
im Leben mehr arbeiten!*
Konfuzius

Inhaltsverzeichnis

© Springer-Verlag GmbH Deutschland, ein Teil von Springer
Nature 2020
T. Keller, *SINNvoll arbeiten*,
https://doi.org/10.1007/978-3-662-60596-7_4

Eine Untersuchung in Amerika hat ergeben, dass neun von zehn Mitarbeitern zugunsten einer sinnvolleren Arbeit bereit sind, auf einen Anteil ihres Gehalts zu verzichten (Achor et al. 2018). Immer häufiger ist vom Downshifting im Job zu lesen, also einem bewussten Herunterschrauben von Anforderungen und gleichzeitigem Verzicht auf Karriere zugunsten eines Lebens, das mit den individuellen Werten übereinstimmt. So findet man immer häufiger erfolgreiche Manager, die aussteigen und beispielsweise Herbergsvater auf einer Alm werden oder in der Toskana Wein anbauen oder Mitarbeiter, die sich lieber einen Job in einem kleinen und nachhaltigen Unternehmen suchen, auch wenn sie dort weniger verdienen. Mittlerweile gibt es sogar Downshifting Coaches oder auch Beratungsplattformen, die Suchenden helfen, eine sinnerfüllte Arbeit zu finden (vergleiche Anhang). Dass die Werte am Arbeitsplatz eine wesentlich Rolle spielen, bestätigt auch eine Umfrage, bei der 50 % der Befragten angaben, schon mal wegen unterschiedlicher Wertevorstellungen den Arbeitgeber gewechselt zu haben (Hattendorf et al. 2019).

Um seine Arbeit sinnvoll zu gestalten, aber auch wenn jemand auf der Suche, nach einer alternativen Arbeitsform oder Unternehmen ist, sollten zuerst die eigenen Werte und Prioritäten erkannt, überdacht und festgelegt werden.

4.1 Werte

Menschen, die sich über ihre Werte im Klaren sind und wissen was ihnen wichtig ist, können schneller und intuitiver Entscheidungen treffen und zweifeln weniger an sich.

Werte bilden die Grundlage für eine innere Haltung. Sie stellen den inneren Kompass dar, an dem sich unser Denken und Handeln orientiert. Welche Werte für uns wichtig sind, ist individuell unterschiedlich. Selbst wenn sich mehrere Personen auf die gleichen Werte einigen, so können sie dennoch sehr unterschiedlich verstanden werden, wie Elvis Presley schon treffend formulierte: „Werte sind wie Fingerabdrücke. Keiner hat dieselben, aber du hinterlässt sie bei allem was du tust!".

Der Wert „Fairness" ist ein solches Beispiel. „Fairness" drückt ein anständiges, gerechtes und ehrliches Verhalten aus und ist dadurch ein Wert, der von den meisten anerkannt wird. Gerade im Sport spielt er eine wichtige Rolle und bezieht sich nicht zuletzt auf das Einhalten von Regeln und ein gutes Miteinander. Doch wenn man nach einem Fußballspiel den Fans der verschiedenen Vereine zuhört, dann ist sofort zu erkennen, dass die Meinungen, was noch fair und was unfair ist, weit auseinandergehen.

Fragen wie:

- Welche Werte sind mir wichtig?
- Was macht mich zufrieden?
- Was verstehe ich unter Lebensqualität?
- Was bedeutet Erfolg für mich?

geben erste Hinweise auf unser Wertesystem.

Je tiefer ein Wert bei uns verankert ist, desto weniger ist er verhandelbar. Eng verbunden sind die kulturellen Normen, die in der Sozialisation erlernten und mit der Zeit verinnerlichten Orientierungspunkte unseres Lebens. Dabei werden Werte oft mit moralischen Aspekten verbunden und abgeleitet von Tugenden, die als erstrebenswert gelten. Aus der Antike wurden vier Kardinaltugenden übermittelt, die Klugheit, die Gerechtigkeit, die Tapferkeit und die Mäßigung. Papst Gregor der Große fügte dann noch drei göttliche Tugenden hinzu: der Glaube, die Liebe und die Hoffnung. Diese Tugenden werden als universell angesehen und es wird davon ausgegangen, dass jeder sie anstrebt. Mithilfe von Werten versuchen wir, diese

Tugenden zu erreichen. Die Differenzierung zwischen Werten und Zielen ist dabei nicht immer einfach. Wohlstand oder Erfolg sind beispielsweise kein Wert, sondern eher ein Zustand, der erreicht werden möchte. Für uns ist spannend heraus zu finden, welche Werte für uns von Bedeutung sind, wie etwa Anstand, Solidarität oder Vertrauen. Um einen besseren Überblick zu bekommen, ist eine Liste von Werten im Anhang zu finden.

Wir bewerten unser Umfeld gerne und meistens sehr schnell, ganz gleich ob es ein Gegenstand ist, eine Leistung oder eine Person. Die Möglichkeit, heute überall ein Feedback abgeben zu können oder auch Ratings zu erhalten, verstärkt diesen Trend. Wir bekommen unsere Gesundheitswerte direkt von der Armbanduhr, wir werden bei Verlassen von Toiletten gefragt wie der Besuch war, und wir prüfen gerne die Kommentare von Hotels, bevor wir eine Reise buchen. Unabhängig von diesen Ratings bewerten wir auch selber stetig – bewusst oder unbewusst. Wir bilden uns schnell eine Meinung und suchen Gleichgesinnte, die die Situationen ähnlich wahrnehmen. Doch was steckt dahinter?

Bewertungen dienen unserer individuellen Orientierung. Wir entwickeln Stereotype und Vorurteile, um unsere komplexe Umgebung besser zu verstehen und uns darin zu orientieren. Das ist normal und richtig. Entscheidend ist, dass wir das auch wissen und uns bewusstmachen. Dadurch verstehen wir, warum wir diese oder jene Wertung vornehmen, warum wir von einem Umstand auf einen anderen schließen oder warum wir Menschen aufgrund einer bestimmten Äußerlichkeit be- oder verurteilen.

So wird der Wert „Fairness" gefordert, wenn sich jemand vordrängelt oder eine Leistung fälschlicherweise für sich beansprucht. Oder der Wert „Freiheit" kann uns dazu bringen, dass wir uns angegriffen fühlen, wenn uns jemand Vorschriften macht. Zu erkennen um welchen unserer Werte es gerade geht, wenn wir eine starke emotionale Reaktion erleben, kann uns helfen, angemessener und souveräner zu reagieren, wenn diese Werte nicht beachtet werden.

Werte helfen uns bei der Orientierung, tragen aber auch maßgeblich dazu bei, den Sinn des Lebens zu erkennen oder zu finden. Sie steuern unser Verhalten in erheblichem Maße, da sie auch unsere Wahrnehmung beeinflussen. Erinnern wir uns kurz an das vorige Kapitel, in dem erläutert wurde, dass jeder auf ein und dieselbe Situation völlig unterschiedliche Sichtweisen haben kann: Wir alle haben Vorurteile über unsere Mitmenschen und die Ereignisse um uns herum und entwickeln in Gedanken Stereotype. Wir brauchen sie, um unsere Umwelt erfassen zu können. Die Frage ist nur, wie wir damit umgehen und welche Bedeutung wir unseren Werten geben. Werden unsere Werte nicht erkannt und respektiert, sind wir enttäuscht und werden unzufrieden und zuweilen auch frustriert. Wir wollen alle gerne mit Wertschätzung behandelt werden. Und das heißt, von anderen für wertvoll gehalten zu werden. Entscheidend ist, welche Werte wir haben, und ob diese anerkannt werden.

Werte erkennen

Jeder von uns hat zwischen sieben und zwölf Grundwerten. Eine effektive Möglichkeit, mehr über die eigenen Werte zu erfahren, ist es, sich vorzustellen, wie wir unseren neunzigsten Geburtstag feiern würden. Aus den verschiedenen Bereichen unseres Lebens sind Gäste gekommen und möchten eine Rede auf Sie halten. Ein alter Kollege möchte etwas zu Ihnen sagen, aber auch ein guter Freund, den Sie schon seit dem Studium kennen. Ihre Familie lässt sich was einfallen und natürlich auch ihr Lebenspartner. Wenn Sie sich jetzt vorstellen, diese Menschen würden Sie als Jubilar feiern wollen, was würden Sie gerne über sich hören?

> Welche Geschichten sollen über Sie erzählt werden?
> Was schätzen diese Menschen ganz besonders an Ihnen?
> Machen Sie sich eine Liste von all den Aussagen, die Sie
> sich wünschen würden. Welche Werte erkennen Sie darin?
> (Keller 2016)

Werte können sich mit der Zeit verändern. Entweder aufgrund persönlicher Erfahrung oder Entwicklung, aber auch durch einschneidende Ereignisse, wie der Verlust eines Menschen oder die Geburt eines Kindes. Das Marktforschungsinstitut Kantar TNS hat gemeinsam mit ORCA van Loon Communications seit 2009 die Deutschen nach ihren Werten befragt und hat festgestellt, dass Werte wie Freiheit, Gesundheit und Familie beispielsweise immer wieder unter den Top fünf der Werte rangiert. Der neue Shooting Star unter den Werten heißt interessanterweise „Natur". Auch die „Familie" hat sich in den letzten zwei Jahren wieder nach oben gearbeitet, im Gegensatz zu „Freiheit" und „Gerechtigkeit", die seit 2012 immer weiter an Bedeutung verlieren (Abb. 4.1).

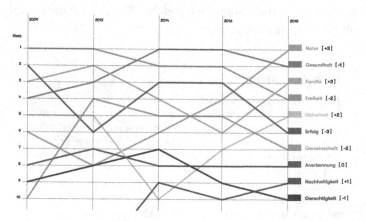

Abb. 4.1 Werte Index Ranking. (Quelle: Wippermann und Krüger 2017)

Selbst wenn wir unsere Werte kennen, kann es passieren, dass wir dennoch nicht immer eindeutig sagen können, was uns gerade wichtig ist. Das liegt daran, dass unsere Werte immer wieder in Konkurrenz zueinander stehen können. So kann uns einerseits Sicherheit wichtig sein, aber zugleich sehnen wir uns nach Freiheit. Oder es gibt zwei Projekte, die beide sehr wichtig sind, doch unsere Kapazitäten/Ressourcen reichen nur für ein Projekt. In solchen Situationen ist es nicht immer leicht, Prioritäten zu setzen.

4.2 Prioritäten

Unternehmen haben in der Regel eine hohe Priorisierung im Hinblick auf Gewinnmaximierung. Diese überlagert häufig einen Großteil des unternehmerischen Geschehens und bestimmt maßgeblich die Zielfestlegung für die Zukunft. Nur so kann die Überlebensfähigkeit des Unternehmens und vieler Arbeitsplätze sichergestellt werden. Doch wenn wir sehen, wie viele Unternehmen im Zuge ihrer Gewinnmaximierung das Vertrauen und die Glaubwürdigkeit ihrer Kunden verloren haben, dann stellt sich die Frage, ob eine reine Gewinnorientierung für den langfristigen Erfolg wirklich ausreicht. Der hohe Leistungsdruck und die starke Priorisierung der monetären Prozesse verringern den Handlungsspielraum im beruflichen Alltag häufig. Dies führt zu Wertekonflikten und der Missachtungen von inneren Überzeugungen. Volkswagen hätte sich den Dieselskandal ersparen können, wenn sie bereit gewesen wären einen Stickoxidfilter einzubauen, der sie 100 EUR gekostet hätte. Doch einige Manager wollten sich diese Kosten sparen, da die Priorität auf Kostensenkung lag und weniger auf Ehrlichkeit.

Am Ende, wie wir heute alle wissen, kam es den Konzern erheblich teurer (Sorge 2015).

Immer mehr Unternehmen erkennen, dass die Konzentration auf den Sinn manchen anderen Wettbewerbsvorteil überholt. So hat Laloux in seinem Buch „Reinventing Organizations" einige Organisationen vorgestellt, die mit einer anderen Ausrichtung sehr erfolgreich sind, wie beispielsweise die Firma Patagonia. Der Produzent für Outdoorbekleidung bietet an, alte Jacken zu reparieren und zu verkaufen, um Ressourcen zu schonen. Das Ziel ist immer noch, einen Gewinn zu erwirtschaften, aber dabei will man gleichzeitig umweltfreundlich agieren. Es geht nicht darum, die Gewinnorientierung infrage zu stellen, es geht viel mehr darum, den Sinn zu integrieren. „Der Gewinn ist wie die Luft, die wir atmen. Wir brauchen die Luft um zu leben, aber wir leben nicht um zu atmen!" (Laloux 2015).

Welches sind unsere Prioritäten? Geht es um Erfolg? Geht es darum, ein einmal gestecktes Ziel zu erreichen? Und was passiert, wenn wir dieses Ziel erreicht haben? Sich Ziele zu setzen ist erst mal unerlässlich, da wir sonst keine Orientierung haben. „Wenn Sie nicht wissen, wo sie hinwollen, kann es passieren, dass Sie dort nicht ankommen." (Yogi Berra). Und es ist ein gutes und stärkendes Gefühl, seine Ziele zu erreichen. Doch ich denke, dass Anerkennung und Wachstum die dahinter stehenden Prinzipien sind, sei es materielles oder persönliches Wachstum. Unter dieser Prämisse ist der Erfolg nicht nur mit dem Erreichen des Ziels verbunden, sondern auch mit dem Weg dorthin.

In unserem Kulturkreis steht das Erreichen von Zielen gerade im beruflichen Alltag häufig im Vordergrund. Und genau dadurch entsteht auch eine hohe Frustration der Mitarbeiter. Denn trotz größter Anstrengungen und hohem Engagement und obwohl jeder sein Bestes versucht, werden Ziele häufig nicht erreicht. Und zwar nicht nur, weil sie möglicherweise zu hochgesteckt sind, oder eventuell nicht gründlich durchdacht waren, sondern weil sie sich auch sehr schnell ändern. Strategien oder Ziele verändern sich, bevor die vorherigen erreicht wurden und wir sind fortwährend damit beschäftigt, uns den veränderten Vorgaben anzupassen, ohne wirklich das Gefühl zu haben, erfolgreich zu sein. Dadurch entsteht der Eindruck, einer sinnlosen Tätigkeit nachzugehen. Wir kommen nicht zum Ziel und das kann frustrieren.

Deshalb sollten wir uns bewusst machen, wie wir Erfolg für uns definieren können. Erfolg beschreibt das positive Ergebnis einer Bemühung. Wir fühlen uns erfolgreich, wenn wir Dinge bewegen können und etwas mit entwickeln können. Das kann ein gelungenes Projekt, eine neue Initiative oder auch ein neuer Arbeitsablauf sein. Doch ist die Zielerreichung nur ein Teil des Erfolgs, wenn auch ein schöner. Der Austausch über die alternativen Möglichkeiten, das Erkennen von individuellen Potenzialen, die Wahrnehmung von Lernchancen sind Schritte auf dem Weg zum Ziel und bleiben erhalten- selbst wenn das Ziel nicht erreicht wurde. Diese Prozesse, die wir durchlaufen haben, um uns unserem Ziel anzunähern, sind für unser persönliches Wachstum viel spannender und bringen uns trotzdem weiter. Deshalb erzeugt der Wunsch, sich weiter zu entwickeln und lernen zu wollen, weniger Frustration und bringt einen größeren persönlichen Nutzen, ganz im Sinne des dynamischen Selbstbildes von (Dweck 2015).

Prioritäten definieren

Es gibt viele verschiedene Methoden, wie Sie sich dem Thema Prioritäten annähern können.

Das bekannteste Modell zu diesem Thema ist wohl das Eisenhower Prinzip, bei dem die Tätigkeiten nach den Kriterien was ist dringend und was ist wichtig in eine Matrix eingetragen werden, mit der Empfehlung, jene Dinge die weder wichtig noch dringend sind, gleich mal beiseite zu legen, während Aufgaben, die wichtig und dringend sind sofort erledigt werden müssen. Während die Kategorie Wichtig, aber nicht dringend eine sinnvolle Terminierung braucht und die Aufgaben die dringend, aber nicht wichtig sind, möglicherweise von jemand anderem besser erledigt werden könnten. Diese Einteilung hilft einen guten Überblick über Priorisierung der Aufgaben zu bekommen.

Eine andere Methode ist das Pareto Prinzip. Dies besagt, dass in 20 % der Zeit 80 % der Aufgaben erledigt werden können. Diese Methode kann Prioritäten hinsichtlich unserer Stärken festlegen.

Es gibt aber auch verschiedene Fragen, die uns helfen mehr Klarheit zu bekommen:

- Inwieweit geht diese Arbeit, Aufgabe etc. auf meine Werte/mein Ziel ein?
- Ist es eine Aufgabe, die ich nicht kann oder nicht will?
- Würde ich die Aufgabe auch machen, selbst wenn keiner etwas davon wüsste?

Das Entwickeln von Prioritäten kann uns helfen, den Überblick zu behalten.

Wie wir dann unsere Werte und Prioritäten in unseren Arbeitsalltag integrieren können, zeigt der nächste Abschnitt.

4.3 Arbeit gestalten

Welchen Wert wir unserer Arbeit zuordnen ist sehr unterschiedlich. Jane Dutton und Amy Wrzesniewski von der Yale School of Management haben drei unterschiedliche Orientierungen im Arbeitsumfeld definiert (Wrzesniewski und Dutton 2001):

- Job-Orientierung: Wenn die Arbeit als Notwendigkeit angesehen wird, um den Lebensunterhalt zu verdienen. Diese Menschen haben keine größere Erwartungshaltung

an die Arbeit und ihr Lebensschwerpunkt ist eher auf die
Freizeit und das Familienleben ausgerichtet. Dort sind sie
wesentlich aktiver und engagierter.

- Karriere-Orientierung: Wenn Karriere im Vordergrund
  steht, ist das Gehalt zwar immer noch wichtig, aber
  eher im Sinne von Anerkennung. Einfluss und Prestige
  sind Mitarbeitern mit dieser Orientierung wichtig. Und
  es geht ihnen um die Entwicklung weiterer Karriere-
  schritte.
- Berufung-Orientierung: Menschen, die ihren Beruf als
  Berufung sehen, geht es um die Sache als solche. Die
  Inhalte der Arbeit sind ihnen wichtig, weil sie damit
  etwas beitragen, sei es, dass sie die Welt verbessern wollen oder dass sie einen besonderen Sinn oder Mission
  in ihrer Aufgabe sehen oder einfach schon immer wussten, dass sie einen bestimmten Beruf ausüben wollen –
  warum auch immer. Sie alle folgen einer Leidenschaft.
  Allerdings auch mit der Gefahr, dass sie sich veraus-
  gaben, da ihnen die Inhalte extrem wichtig sind.

Wenn wir Werte und Stärken in unsere Arbeit einbringen
können, dann steigt die Freude an der Arbeit und die
Motivation zu guter Leistung deutlich an. Und wenn wir
unsere Arbeit so gestalten, dass sie auch noch zu unseren
Werten und Stärken passt, dann können wir uns selbst
durch kleinere Maßnahmen mit ihr identifizieren. Wrzesniewski und Dutton nennen das Job Crafting, im Sinne
von „gestalten, bearbeiten". Und sie bieten drei unterschiedliche Wege an, wie wir uns unserem Job besser
anpassen können (Wrzesniewski und Dutton 2001):

Gestalten der Aufgaben:
Je nach Perspektive auf unsere Tätigkeiten, können wir
mehr oder weniger Sinn darin finden. Manchmal haben
wir uns eine Fähigkeit angeeignet, die aber nicht unseren

Stärken entspricht, wie beispielsweise der Umgang mit Zahlen, oder das Anlegen von Tabellen. Möglicherweise gibt es einen Kollegen oder eine Kollegin, die diese Aufgabe gerne übernimmt, da sie zu ihren Stärken passt. In einer anderen Situation kann es hilfreich sein, sich bewusst zu machen, welche Bedeutung eine ungeliebte Aufgabe für den Gesamtzusammenhang hat und ihr damit eine andere Bedeutung geben. Es liegt an der Perspektive und der Art und Weise, wie wir eine Aufgabe umsetzen, ob wir sie als sinnvoll erachten oder nicht.

Gestalten der Beziehung:
Wenn man bei einer Aufgabenstellung mit einbezieht, welche Teamzusammensetzung für die Bewerkstelligung der Aufgabe sinnvoll und hilfreich sein könnte, kann dies wesentlich dazu beitragen, wie wir uns mit einer Arbeit identifizieren. Auf diesen Gestaltungsaspekt wird in Kapitel Verbundenheit detailliert eingegangen.

Gestalten der kognitiven Einstellung:
Über die Frage welche Rolle wir durch unsere Arbeit wahrnehmen, ist es möglich, einer Tätigkeit einen zusätzlichen Sinn zu vermitteln. So gibt es eine Untersuchung in einem Universitätskrankenhaus, in dem das Reinigungspersonal zur Bedeutung ihrer Arbeit befragt wurde. Es wurde festgestellt, dass einige Reinigungskräfte sehr zufrieden und erfüllt von ihrer Arbeit waren. Auf die Frage, wie sie ihre Arbeit sehen, antworteten diese Probanden, dass sie in ihrer Arbeit großen Einfluss auf den Heilungsprozess der Patienten sahen, da sie durch eine saubere Umgebung und ein liebevoll gestaltetes Zimmer dem Patienten Aufmerksamkeit schenken (Wrzesniewski und Dutton 2001). Andere sehen sich als Botschafter für bestimmte Themen oder auch als Unterstützer für andere Personen. Es müssen also nicht immer die großen und wichtigen Aufgaben sein,

die unsere Arbeit sinnvoll machen, sondern durch die Einstellung und Perspektive ergeben sich viele Gestaltungsmöglichkeiten.

Job Crafting anwenden

Um zu überprüfen, wie Sie Ihre Arbeit besser Ihren persönlichen Bedürfnissen und Kompetenzen anpassen können, sollten Sie sich zunächst noch mal darüber klarwerden, welche Stärken Sie haben, welche Werte Ihnen wichtig sind und in welchen Bereichen Sie Leidenschaft einbringen. Schreiben Sie alle Tätigkeiten, die Sie ausüben unter Berücksichtigung der Zeit, die diese Tätigkeit von Ihrem Arbeitsalltag einnimmt, auf. Dann ordnen Sie Ihre Werte, Stärken und Leidenschaften den verschiedenen Tätigkeiten zu. So können erkennen Sie wie viel Zeit Sie mit Aufgaben verbringen, die Ihrer Persönlichkeit entsprechen, und wo Sie nachbessern können.

Diese Art der Jobanpassung nehmen wir in Wirklichkeit immer wieder vor, nur ist uns das oft nicht bewusst. Selbst in Organisationen, in denen Job Crafting nicht erwünscht ist, gestalten Mitarbeiter ihre Arbeit so, dass sie gut zu ihnen passt, ganz gleich auf welcher Ebene, in welcher Branche oder bei welcher Größe des Unternehmens. Da diese Anpassungen und Gestaltungsmöglichkeiten zu einer höheren Arbeitszufriedenheit, aber auch zu einer besseren Produktivität und höheren Motivation beiträgt, ist es sinnvoll, eine Atmosphäre zu schaffen, die uns diesen Gestaltungsspielraum ermöglicht.

4.4   Der Glaube an das Größere

„Erfolg und Glück kann man nicht verfolgen, man muss ihnen folgen. Sie stellen sich nur ein als ein unbeabsichtigter Nebeneffekt der eigenen persönlichen Hingabe an einen Sinn, der größer ist als man selbst." Viktor Frankl

Ein wesentlicher Motivator und Sinnvermittler ist der Glaube daran, ein Teil von etwas Größerem zu sein. Deshalb sind Religionen ein starker Sinnvermittler und ermöglichen Orientierung. Unabhängig von Religionszugehörigkeit ist es für jeden von uns wichtig, zu verstehen, wie wir in das größere Ganze eingebettet sind, beziehungsweise warum unsere Tätigkeit wichtig oder von Bedeutung ist. Israelische Forscher haben einer Gruppe von Radiologen an die Bilder, die sie bearbeiten und zur Diagnose nutzen sollten, ein Foto des Patienten angehängt. Durch dieses Foto konnten die Radiologen einen Bezug herstellen zwischen der Bedeutung ihrer Diagnose und den entsprechenden Befunden, wodurch diese um 46 % genauer wurden. Darüber hinaus wurden 80 % der wesentlichen diagnostischen Befunde nur dann festgestellt, wenn das Foto bei der Mappe dabei war (Turner, Silbermann et al. 2008). Diese Forschungsarbeit zeigt, wie wesentlich das Wissen um den größeren Zusammenhang für unsere Arbeit ist. Wenn wir verstehen, wofür und für wen wir die Arbeit, die wir leisten, notwendig ist, und welche Rolle sie im größeren Ganzen spielt, arbeiten wir genauer, sorgfältiger und sind motivierter. Wir wollen den Zusammenhang verstehen. „Zu wissen, wie die eigene Arbeit sich auswirkt, bietet einen Ansporn mehr beizutragen!" (Grant 2013).

4.5   Sinnliches Erleben

Neben den philosophischen Ansätzen zur Erkenntnis, hat die Natur einen starken, unterstützenden Anteil im Lernprozess. Sie erdet uns und gibt uns ein neues Gefühl von Präsenz und Lebendigkeit. Deshalb ist möglicherweise auch der Wert der Natur in den letzten Jahren angestiegen. Aber auch andere sinnliche Erlebnisse, wie ein gutes Essen mit Freunden, ein spannendes Buch oder ähnliches können uns helfen wieder mehr Sinnhaftigkeit zu erleben.

Die sinnlichen Erlebnisse sind für uns hilfreich, weil sie unserem Gehirn die Möglichkeit geben, unsere alltäglichen Eindrücke zu verarbeiten. Das Gehirn arbeitet in zwei unterschiedlichen Arbeitsmodi. Wenn ich Aufgaben lösen muss, dann ist der Task Positive Network (TPN) Bereich aktiv, während der Default Mode Network (DMN) die Ereignisse verarbeitet und mit bereits gemachten Erfahrungen abgleicht. Wenn nun der DMN aktiv ist, arbeitet der TPN nicht und umgekehrt. Folglich ist Nichtstun wichtig, um die Dinge zu verarbeiten (wozu auch das Abschalten der digitalen Medien zählt). Durch das DMN festigt sich unsere Identität, weil wir uns Zeit geben, über uns und andere nachzudenken, wodurch wir wiederum unser autobiografisches Gedächtnis und unsere Empathiefähigkeit entwickeln (Nonnenmachen 2019). Deshalb sollten wir unserem Gehirn immer wieder Pausen gönnen, in denen wir Dinge tun, über die wir nicht nachdenken müssen. Dann kann das Gehirn unsere Erlebnisse nachbearbeiten und für die weitere Entwicklung nutzen – quasi wie eine Art Qualitätssicherung für unser Gehirn.

> **Qualitätssicherung für das Gehirn**
>
> Nehmen Sie sich regelmäßig Zeit, Ihrem Gehirn diese Qualitätssicherung zu ermöglichen. Planen Sie Phasen ein, in denen Sie ein paar Minuten Muße haben, das kann eine medienfreie Zeit am Wochenende sein, ein bewusstes Tagträumen am Fenster, eine kleine Meditationsübung oder auch nur das achtsame Wahrnehmen der Umwelt. Zeit, in der wir träumen, zu uns selber finden und regenerieren.

Durch diese Art der Verlangsamung, wird unser DMN aktiviert und es können dann auch neue Ideen entstehen, so wie uns manchmal die Lösung eines Problems einfällt, obwohl wir gerade in einem ganz anderen Kontext sind.

Seine Werte und Prioritäten zu definieren ist elementar auf der Suche nach dem Sinn, da sie eine Orientierungshilfe sind, die eine neue Perspektive auf unseren Arbeitsalltag ermöglichen.

Literatur

Achor S, Reece A, Kellerman G, Robichaux A (2018) 9 out of 10 people are willing to earn less money to do more-meaningful work. Harvard Business Review. November 06, 2018. https://hbr.org/2018/11/9-out-of-10-people-are-willing-to-earn-less-money-to-do-more-meaningful-work. Zugegriffen: 12. Dez. 2019

Dweck, C (2015) Selbstbild – Wie unser Denken Erfolge oder Niederlagen bewirkt. Piper Verlag, München

Grant A (2013) Geben und Nehmen. Erfolgreich sein zum Vorteil aller. Droemer Verlag, München

Hattendorf, K et al (2019) Führungskräftebefragung 2019 – Eine Studie der Wertekommission und der TUM School of Management der Technischen Universität München. Bonn. https://www.wertekommission.de/wp-content/uploads/2019/08/Fuehrungskraeftebefragung_2019.pdf. Zugegriffen: 30. Okt. 2019

Keller, T (2016) Einfach ich selbst sein dürfen. Bessere Beziehungen mit sich und anderen durch die positive Psychologie. Scorpio Verlag, München.

Laloux F (2015) Reinventing Organizations – Ein Leitfaden zur Gestaltung sinnstiftender Formen der Zusammenarbeit. Vahlen, München

Nonnenmacher, A (2019) Medizinische Qualitätssicherung. https://medlexi.de/Default_Mode_Network. Zugegriffen: 19. Okt. 2019

Sorge, N-V (2015) VW wollte 100 EUR pro Auto sparen – un verliert jetzt Milliarden. Besserer Katalysator hätte Abgas-Debakel vermindert. In: Manager Magazin vom 21.09.2015. https://www.manager-magazin.de/unternehmen/autoindustrie/dirty-diesel-skandal-volkswagen-sparte-an-katalysatoren-a-1054007.html. Zugegriffen: 12. Okt. 2019

Turner S, Joffe, H-H (2008) The effect of adding a patient's photograph tot he radiographic examination (Annual Meeting oft he Radiological Society in North America). A Conference Paper. https://www.researchgate.net/publication/266118955_The_Effects_of_Including_a_Patient's_Photograph_to_the_Radiographic_Examination/citations. Zugegriffen: 12. Dez. 2019

Wippermann P, Krüger J (2017) Werte Index 2018. Deutscher Fachverlag, Frankfurt

Wrzesniewski A, Dutton J (2001) Crafting a job: revisioning employees as active crafters of their work. Acad Manag Rev 26(2):179–201

5

Verbunden sein mit anderen

*Im Grunde sind es doch die Verbindungen mit Menschen, die dem
Leben seinen Wert geben.*
Wilhelm von Humboldt

Inhaltsverzeichnis

© Springer-Verlag GmbH Deutschland, ein Teil von Springer
Nature 2020
T. Keller, *SINNvoll arbeiten*,
https://doi.org/10.1007/978-3-662-60596-7_5

Viele der Erkenntnisse aus den letzten beiden Kapiteln beziehen sich auf die Auseinandersetzung und Reflexion mit sich selbst. Im Arbeitskontext sind wir aber immer darauf angewiesen, mit Kollegen zusammen zu arbeiten und zu kooperieren. Wir arbeiten in Netzwerken und Teams und sind in kontinuierlichem Austausch mit unserem Umfeld. Eine gute Arbeitsatmosphäre trägt entscheidend dazu bei, wie wir unsere Arbeit wahrnehmen, denn im Gegenzug dazu gaben in einer Befragung 45 % an, dass die Arbeitsatmosphäre der Grund für ihre Belastung bei der Arbeit sei (Swiss Life 2019).

5.1   Der Mensch ist ein soziales Wesen

Der Mensch braucht die Gemeinschaft und das Zugehörigkeitsgefühl. Er ist ein zutiefst soziales Wesen, das alleine gar nicht überlebensfähig wäre – weder vor Tausenden von Jahren noch heute. Bereits frühzeitig haben sich die Menschen zu Sippen zusammengeschlossen, um besser jagen und sich schützen zu können. Kooperation, Kommunikation, Nähe und Vertrauen sichern uns seit der Entwicklung der Menschheit das Überleben und schon immer waren wir auf die Hilfe anderer angewiesen. Ein Mammut konnte nicht allein erlegt werden und die Arbeitsteilung in Jäger und Sammler hat ebenfalls entscheidend zum Überleben und damit zum Erfolg einer Gemeinschaft beigetragen. In der hochgradig spezialisierten Welt des 21. Jahrhunderts, die durch Digitalisierung und Globalisierung ganz neue Herausforderungen generiert, ist die Arbeitsteilung wesentlich intensiver geworden, da hoch spezialisierte Arbeitsfelder und komplexe Prozesse eine hohe Interaktion und ein professionelles Zusammenspiel erfordern.

Unser soziales Miteinander wird zudem noch durch ein biologisches System unterstützt und gesteuert, das maßgeblich durch das Hormon und den Neurotransmitter Oxytocin, vielleicht besser bekannt als Beziehungshormon, gesteuert wird. Da durch die Ausschüttung von Oxytocin die Ausschüttung des Stresshormons Cortisol verringert und der Blutdruck reguliert wird, führt es in Folge dazu, dass wir weniger gestresst sind und uns wohler fühlen. Außerdem wird man empfänglicher für zwischenmenschliche Signale. Versuche haben gezeigt, dass schon das Anschauen von Fotos mit Menschen, die wir lieben, zu einer Oxytocin Ausschüttung führt (Bauer 2006). Aber auch das Annehmen von Komplimenten, das Zulassen von Emotionen, Körperkontakt und Meditation können den Oxytocinspiegel erhöhen.

Das World Well Being Project in Philadelphia ermittelt mit Hilfe der Differential Language Analysis, das Vorkommen bestimmter Begriffe auf Facebook. Hierfür werden nach vorheriger Einverständniserklärung die Konten von ca. 75.000 Facebook Nutzern nach bestimmten Begriffen in Relation zu Alter, Geschlecht etc. durchsucht. Diese Forschungsarbeit ist sehr spannend, da sie aufgrund von Begriffen beispielsweise viel über den seelischen Gesundheitszustand einer Region sagen kann. Sie zeigt auch, dass mit ansteigendem Alter der Teilnehmer das „wir" immer mehr Bedeutung bekommt. Das bedeutet, dass nach den ersten 20 Jahren eines Lebens, die Bedeutung des Ich immer mehr der Bedeutung des Wir weicht. Auch das ist ein Indikator für eine soziale Orientierung (Kern 2016; Abb. 5.1).

Die Qualität von Beziehungen entscheidet maßgeblich über unsere wahrgenommene Lebensqualität. Nicht nur in unserem privaten Umfeld, sondern auch im unternehmerischen Kontext, sind ein gutes Miteinander und eine konstruktive Zusammenarbeit motivierend.

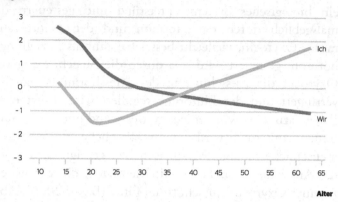

Abb. 5.1 „Wir" und „Ich" in Big Data. (Quelle: erstellt auf der Online Plattform des World Well Being Projects am 12.07.2016. https://www.bp.org/age_plot.html)

Sind wir dagegen unmotiviert, verlieren wir an Effektivität und wesentliche Ressourcen gehen verloren, sowohl auf individueller als auch auf unternehmerischer Ebene. Bill Campbell, ein renommierter amerikanischer Berater und Coach empfiehlt seinen Kunden deshalb, bei Personaleinstellungen mehr darauf zu achten, dass die Person menschlich ins Unternehmen passt, als auf die fachlichen Qualifikationen (Schmidt und Rosenberg 2019).

Dabei spielt das Gefühl mit anderen verbunden zu sein und zu etwas dazu zu gehören eine wesentliche Rolle, ganz gleich ob es der Club, das Unternehmen, die Volleyballmannschaft oder auch die Familie ist. Durch das Gefühl von Zugehörigkeit entwickeln wir Kraft und Zuversicht. Wir suchen uns Menschen, die Ähnlichkeiten mit uns haben, mit denen wir uns identifizieren können und die uns akzeptieren und dabei unterstützen Selbstvertrauen und Anerkennung zu bekommen. Dieses Gefühl von Verbundenheit macht stark, wirksam und zufrieden. Dadurch fühlen wir uns lebendig. Wir bauen unser Selbstwertgefühl darauf auf, ob wir von anderen gesehen, wertgeschätzt, wahrgenommen und geliebt werden. Die Vorstellung, für andere wichtig zu sein, brauchen wir zum Leben (Eidenschink 2003). Und durch die Auseinandersetzung mit anderen Menschen lernen wir uns selbst, aber auch unser Verhalten besser kennen und erfahren so mehr über uns.

Glückliche Momente

Denken Sie an ein besonders schönes, glückliches Erlebnis, dass sie erfüllt und energetisiert hat. Häufig sind diese Ereignisse mit anderen Menschen verbunden, ob es ein gemeinsames Fest, eine besondere Reise, die Hochzeit oder ein gelungenes Projekt war. Wir erleben besonders viele glückliche Momente im Austausch mit anderen.

Die Zugehörigkeit zu einer Gemeinschaft ist identitätsfördernd. Wir identifizieren uns mit bestimmten Werten, Verhaltensweisen und Kommunikationsformen. Mitglieder unserer Gemeinschaft erscheinen vertrauensvoller, als Mitglieder anderer Gemeinschaften (Haidt 2016). Es kann sogar sein, dass gerade in der Abgrenzung zu anderen, das eigene Zugehörigkeitsgefühl wächst. Das ist häufig in Unternehmen der Fall, in denen die Abteilungen aus unterschiedlichen Unternehmensbereichen zusammenarbeiten sollen. Dann wird schnell von „denen" und „uns" gesprochen. „Die anderen verstehen das nicht!", „Die denken nur an ihren Bereich und kooperieren gar nicht mit uns!". Diese Art der Abgrenzung – auch Silodenken genannt – schafft eine stärkere Verbundenheit innerhalb des Teams, macht aber die Kooperation im Unternehmen extrem schwierig.

Silodenken ist ein Hinweis darauf, dass den beteiligten Personen der größere Zusammenhang nicht gegenwärtig ist. Doch nicht nur im Unternehmen entsteht dieses Denken. Auch im gesellschaftlichen Kontext sind solche Abgrenzungs- und Ausgrenzungsverhalten immer häufiger festzustellen. Der Wunsch nach Identifikation mit anderen wird in unruhigen und dynamischen Zeiten stärker und damit auch die Abgrenzung gegenüber jenen, die nicht zur eigenen Gruppe gehören. Durch den hohen Grad an Individualisierung und die intensive Kommunikation über digitale Medien, wird das Urbedürfnis des Menschen nach Nähe und Verbundenheit nur bedingt erfüllt. Der oberflächliche und leicht praktizierbare Austausch von Nachrichten in Chats oder Messengers erzeugt eine vermeintliche Nähe. Sieht man allerdings in Meetings oder in Cafés, wie häufig Menschen zusammensitzen und währenddessen immer wieder auf ihr Handy schauen, wird offensichtlich, dass sich unser Austausch immer stärker auf indirekte Kommunikation verlagert. Unser Bedürfnis nach Nähe und Verbundenheit wird dadurch nur sehr oberflächlich befriedigt und führt nur selten zu einer Oxytocin Ausschüttung. Eine intensive, direkte Kommunikation wäre wesentlich zielführender.

5.2   Miteinander reden

Kommunikation ist ein wesentliches Element der Verbundenheit. Wir müssen besser zuhören, wahrnehmen wie andere reagieren, lernen unsere eigenen Ideen und Gefühle besser zu kommunizieren. Eine kooperative, verständnisvolle Kommunikationsform kann sehr hilfreich sein, selbst wenn es möglicherweise schwierig ist, den richtigen Grad zu finden. Sind Aussagen zu vage, ungenau oder verschleiert, dann sind Missverständnisse programmiert. Versuchen wir aber, machtvoll und direktiv zu kommunizieren, kann es zu Ablehnung und Konflikten kommen.

Eine gute Kommunikation im Konfliktfall wird im nachfolgenden Kapitel besprochen. Zunächst aber geht es um einen konstruktiven und kooperativen Austausch.

Dabei spielt das Fragen und das Zuhören eine entscheidende Rolle. Wenn wir davon ausgehen, dass wir als Gemeinschaft effektiver und produktiver sind als als Einzelperson, dann ist es nur folgerichtig, andere um ihren Input zu bitten oder nach ihrer Meinung zu fragen. Fragen zu stellen signalisiert hohes Interesse am Gegenüber/ Gesprächspartner. Beim gegenseitigen Zuhören geht es tatsächlich darum, wirklich verstehen zu wollen, was die andere Person sagen will und sich im Zweifel auch noch mal rück zu versichern, ob alles verstanden wurde. Es geht aber nicht darum, sich gleich zu überlegen, wie die passende Antwort sein könnte.

„Das Zuhören (ist) kein passiver Akt. Eine besondere Aktivität zeichnet es aus. Ich muss zunächst den anderen willkommen heißen, das heißt den Anderen in seiner Andersheit bejahen. Dann schenk ich ihm Gehör. Zuhören ist ein Schenken, ein Geben, eine Gabe. Es verhilft dem anderen erst zum sprechen. Es folgt nicht passiv dem Reden der anderen. In gewisser Hinsicht geht das Zuhören dem Reden voraus. Das Zuhören bringt den anderen erst zum Sprechen. Ich höre schon zu, bevor der andere spricht oder ich höre zu damit der andere spricht." (Han 2016).

Otto Scharmer, Professor an der Management Sloan School, Massachusetts Institute of Technology (MIT) und Entwickler der Theorie U, wonach sich die Menschen für eine zukünftige funktionierende Welt ihr Denken, Fühlen und Wollen anderen Menschen und neuen Impulsen gegenüber öffnen müssen, stellt die Kommunikation und insbesondere das Zuhören in den Mittelpunkt seiner Theorie. Dabei unterscheidet er vier verschiedene Formen des Zuhörens, die uns helfen sollen ganz in einen Zustand des Präsent-seins zu kommen, um dann Systeme nachhaltig verändern zu können.

Formen des Zuhörens

Otto Scharmer unterscheidet vier Formen des Zuhörens (Scharmer 2019):

- Downloaden: wir hören das was wir eh schon wissen und sind fokussiert auf Bestätigung
- Objektivierendes Zuhören: wir achten auf die Abweichungen von unserer eigenen Meinung
- Empathisches Zuhören: wir versetzen uns in den anderen und versuchen die Welt mit seinen Augen zu sehen und stellen eine Beziehung zu uns her
- Schöpferisches Zuhören: wir blenden unser Ego komplett aus und schaffen durch innere Stille eine neue Qualität

---

Häufig wünschen sich Menschen, dass ihnen jemand einfach nur zuhört, um dadurch ihre eigenen Lösungsstrategien zu entwickeln und Erlebtes zu verarbeiten. Ratschläge und Lösungen sind gar nicht unbedingt hilfreich. Im Arbeitsalltag sind wir allerdings häufig lösungsorientiert und unter Zeitdruck. Dadurch fällt es uns schwer, aufmerksam und wertschätzend zuzuhören. Zumeist sind wir schnell mit einer Lösung zur Stelle. Für das Gefühl von Verbundenheit aber wäre es gut, seinem Gegenüber auch Zeit zu lassen, damit auch er für sich stimmige Umsetzungsideen entwickeln kann.

5.3 Vom Geben und Nehmen

Ein weiterer Baustein, der die Qualität unserer Beziehungen prägt, ist der Austausch von Anerkennung, Wertschätzung, Informationen und Gefühlen, kurz das

gegenseitige Geben und Nehmen. Die Ausgewogen-
heit und die Art und Weise, wie wir in diesen Austausch
gehen, stellt einen großen Gestaltungsspielraum für unser
Miteinander dar.

Adam Grant, Psychologie Professor an der Wharton
School of Pennsylvania, hat in seinen wissenschaftlichen
Forschungen die Geber, Nehmer und Tauscher identifiziert (Grant 2013). Dabei definiert Grant die Nehmer als
jene Charaktere, die gerne mehr bekommen als sie geben.
Sie denken im Konkurrenzkampf-Modus und sind ständig
darum besorgt, gut dazustehen. Die Nehmer helfen auch
anderen Menschen, aber eher aus strategischen Gründen.
Ganz anders die Geber, die mehr darum bemüht sind, wie
sie die Gemeinschaft dabei unterstützen können, sich weiter zu entwickeln. Sie geben mehr als sie bekommen. Der
dritte von Grant identifiziert Typus ist der Tauscher. Diese
Menschen sind darum bemüht ein ausgeglichenes Verhältnis von Geben und Nehmen zu schaffen und sie geben in
der Hoffnung, etwas dafür zurück zu bekommen. Und
obwohl eine der beiden Verhaltensweisen bei den meisten
Menschen dominant vorhanden ist, weist Grant darauf
hin, dass wir selten nur eine dieser Formen leben, sondern je nach Situation und Rolle mal die eine und mal die
andere Haltung zeigen (Grant 2013).

Um die Geber und Nehmer differenzieren zu können
gibt es ein wesentliches Unterscheidungsmerkmal, nämlich die Art und Weise der Kommunikation. Während
Nehmer eher zu einer machtvollen Kommunikation tendieren, klare Anweisungen geben und nicht so viel Wert
auf das Zuhören legen, neigen Geber eher zu einem
kooperativen Austausch. Dabei ist zu berücksichtigen, dass
es Situationen gibt, in denen machtvolle Sprache absolut
notwendig ist, etwas bei Sicherheitsthemen oder wenn einfache Routineaufgaben zu erledigen sind. Wenn wir aber
in einem innovativen Team arbeiten und unsere Kollegen

proaktiv mit einbeziehen möchten, dann ist es hilfreich eine Sprache zu entwickeln, die nicht auf Verlierer und Gewinner ausgerichtet ist (vgl. das Kapitel Standhaftigkeit), sondern eine Kommunikationsform zu nutzen, die den Standpunkt des anderen ergänzt.

Entgegen der weitverbreiteten Annahme, dass man nur genügend Ellenbogen braucht, um nach oben zu kommen, konnte Grant in seiner Studie feststellen, dass häufig Geber in den oberen Führungsetagen zu finden sind. Sie geben aus dem Gefühl heraus, für die Mitarbeiter und das Unternehmen mit einem gemeinschaftlichen Fokus zu sorgen. Sie verbinden ihren persönlichen Erfolg mit dem Erfolg der Gemeinschaft. Durch diese umsichtige Art können sie besser sehen, welche Bedürfnisse bestehen, nehmen eine wertschätzende Haltung ein und brauchen weniger Energie für Konflikte und Auseinandersetzungen.

> **Gute Taten vollbringen**
>
> Zahlreiche Studien belegen, dass es uns stärkt, wenn wir Gutes tun. Wir fühlen uns wohler, haben ein stärkeres Selbstbewusstsein, es stärkt unser Immunsystem und schützt vor Herzkrankheiten. Die Wirkung der „guten Tat" ist hilfreich bei depressiven Verstimmungen, getreu dem Motto: wenn es Dir schlecht geht, dann helfe jemandem und es geht Dir gleich besser. Bringen Sie einer Kollegin einen Kaffee mit, helfen Sie einem Kollegen mit Ihrem Fachwissen aus, schreiben Sie eine nette Botschaft auf ein Post It und kleben Sie diese jemandem in der Pause an seinen Arbeitsplatz. Es gibt unglaublich viele kleine Ideen, wie man anderen etwas Gutes tun kann. Das erzeugt eine wertschätzende Verbundenheit und Sie tun auch für sich selber etwas Gutes. (weitere Anregungen sind im Anhang).

Wenn Kooperation so wichtig ist und Geber auch erfolgreicher sind, stellt sich die Frage, warum sich dieses Verhalten nicht durchsetzt? Man könnte meinen, dass dieses moralische Verhalten – die Bereitschaft andere zu unterstützen auch ohne eigenen unmittelbaren Vorteil -, möglicherweise ein sozial erworbenes Verhalten ist, das keinen natürlichen Ursprung hat. Aber kooperatives Verhalten, die keinen direkten Bezug zum eigenen Fortkommen haben, finden sich auch in der Tierwelt. Ganz gleich, ob es die Katze ist, die dem blinden und tauben Hund hilft Futter zu finden, oder ein Affe, der sich um ein benachteiligtes Tier aus seiner Horde kümmert (Bekoff und Pierce 2009). Die Menschen besitzen folglich ein angeborenes soziales Verhalten und das steht im Gegensatz zur These, dass nur die Starken überleben. Opaschowski, Zukunftsforscher und Publizist, behauptet sogar, dass die Zeit der „Ichlinge" vorbei ist (Opaschowski 2019). Unabhängig von dieser Aussage gibt es gerade in der Gehirnforschung zahlreiche Experimente, die belegen, dass bei sozialem Verhalten unser Gehirn positiv reagiert und das bereits erwähnte Belohnungssystem (Oxytocinausschüttung) anspringt.

Selbst wenn kooperatives Verhalten angeboren ist, hören wir doch immer wieder auch von Vorfällen, in denen Mitmenschen, die in Not waren, nicht geholfen wurde. Harald Welzer, Professor für Transformationsdesign an der Universität Flensburg, hat das mit der sogenannten „Helferstudie" untersucht und festgestellt, dass Menschen oft nur helfen, wenn sie von anderen dabei beobachtet werden. Ob jemand hilft oder nicht, beziehungsweise, ob man Handlungsspielräume und Unterstützungsmöglichkeiten wahrnimmt, ist völlig alters-, bildungs- und geschlechtsunabhängig (Welzer 2017). Umgekehrt bedeutet dies, dass Vorbilder, die helfen, sich engagieren und eingreifen, auch andere dazu verleiten ebenfalls aktiv zu werden. Es ist also wichtig, dass einer den Anfang macht und mit gutem Beispiel vorangeht. So kann sich soziales Verhalten, Engagement oder gegenseitiges Helfen und Unterstützen verselbstständigen.

Bei der Flüchtlingshilfe kam es schnell zu vielen Helfern, weil einige mit gutem Beispiel voran gegangen sind. Auch in Teams erlebe ich es immer wieder, dass eine größere Bereitschaft da ist, Wissen zu teilen, wenn einer damit anfängt. Ähnliches stellt auch Grant fest. Teilnehmer einer Versuchsreihe waren altruistischer, wenn sie wussten, dass das Gegenüber ein Geber und für sie entsprechend ein Vorbild war (Grant 2013).

Es scheint also bestimmte Kontextfaktoren zu brauchen, damit wir Altruismus zeigen. Jemanden zu erleben, der sich kooperativ und unterstützend verhält, ist ein Faktor. Ein weiterer ist es, wenn wir das Gefühl haben, es schaut jemand zu. In zahlreichen Experimenten wurde festgestellt, dass Kooperation am besten funktioniert, wenn die Menschen glauben, dass sie beobachtet werden. Das Experiment von Melissa Bateson veranschaulicht das sehr gut. Sie stellte in einer Cafeteria einen Milchautomaten auf und jeder durfte so viel Geld für die Milch einwerfen, wie er für angemessen hielt. Das Experiment lief über zehn Wochen und es wurden wochenweise abwechselnd Blumen- und Augenmotive auf den Automaten aufgeklebt. Es stellte sich heraus, dass über die Verlaufzeit bei der die Augenpaare sichtbar waren durchschnittlich 2,76 mal so viel gezahlt wurde (Bateson et al. 2006). Sie erzeugten also das Gefühl beobachtet zu werden. Die Augenpaare wirkten wie eine Art Kontrolle oder jemand, der zuschaut. Das geht einher mit Anerkennung: Wenn andere sehen oder merken, dass wir großzügig, aufmerksam, korrekt o.ä. sind, zollen sie uns Anerkennung. Oder zumindest hoffen oder erwarten wir, diese zu bekommen.

Zu einem ähnlichen Ergebnis kam Manfred Milinski und Jochem Marotzke vom Max-Planck-Institut, die in ihren Experimenten die Höhe von Spendenbeiträgen verglichen. Sie stellten die Beträge von anonymen Spenden dem Spendenbeitrag bei Veröffentlichung des Spendernamens und des Spenderbetrages gegenüber. Im zweiten Fall fielen die Spenden deutlich höher aus (Anhäuser 2008). Folglich kann Beobachtung zu guten Taten führen und Unterstützung sichern und verstärken. Und hohe Spenden können wiederum zu der begehrten Anerkennung führen.

Da wir aber nicht immer alles beobachten und kontrollieren können, vertrauen wir den meisten Menschen in unserem Umfeld. Die Herausforderung ist, das richtige Maß zu finden, zwischen Kontrolle und Vertrauen.

5.4 Vertrauen

Vertrauen ist eine sehr subjektive und individuelle Überzeugung. Dabei geht es um die Richtigkeit von Handlungen, um Wahrheit und die Redlichkeit von Personen. Vertrauen entwickelt sich durch Erfahrungen und wird somit im Rahmen unserer Sozialisation erlernt. Ob wir jemandem vertrauen, hängt von einer Reihe von Faktoren ab. Wenn ich jemanden neu kennen lerne, können Ort und Zeit, Körpersprache, Kleidung, ja sogar Tonfall und Stimmlage darüber entscheiden, ob wir jemanden als „unseres Vertrauens würdig" einstufen oder nicht. Die Erfahrungen, die wir mit einer Person machen, erzeugen die Grundlage für Vertrauen.

- Hat die Person ihr Wort gehalten?
- Zeigt sie ein Verhalten, dass mit unseren Werten übereinstimmt?
- Handelt die Person ehrlich und fair?

Wenn wir Menschen kennenlernen, geben wir ihnen in der Regel einen Vertrauensvorschuss und überprüfen dann im weiteren Verlauf der Begegnung, ob sich die Person diesen Vorschusses auch verdient hat. Wir vertrauen ihr vielleicht, weil wir sie sympathisch finden, weil sie an einer ähnlichen Aufgabe arbeitet, weil wir sie in einem Meeting als offen und freundlich erlebt haben. Ohne Vertrauen, wäre ein aufeinander zu gehen extrem schwierig.

Und würden wir versuchen sofort, „alles unter Kontrolle zu haben" und ständig zu überprüfen. Dadurch würde sich die Komplexität stetig erhöhen (Luhmann 2000), da der Aufwand, den wir brauchen, um alles zu kontrollieren hoch ist. Deshalb ist Vertrauen ein komplexitätsreduzierendes Verhalten. Wobei Vertrauen auch einen Preis hat: wir müssen Zeit für den Vertrauensaufbau investieren, und Toleranz beweisen, wenn die Wege und Lösungen anderer Personen sich von unseren unterscheiden.

Da unser beruflicher Alltag sehr komplex und divers ist, entwickelt sich im beruflichen Alltag immer wieder das Gefühl mangelnden Vertrauens. Wir werden misstrauisch und argwöhnisch, sehen Gefahren und fangen an, strategisch zu denken und uns zu schützen. Wenn wir uns aber nicht gegenseitig vertrauen, sondern uns sogar voreinander schützen müssen, dann schadet und schwächt es die Gemeinschaft, ganz gleich ob im familiären Umfeld oder am Arbeitsplatz. Denn anstatt handlungsfähig und proaktiv zu sein, führen innerliche Machtkämpfe zu Energieverlusten und Demotivation der Beteiligten.

Dabei sollte zwischen Vertrauen und Vertrautheit unterschieden werden. Im beruflichen Alltag kennen sich Kollegen häufig schon lange und haben in der Regel auch viel Zeit miteinander verbracht. Die Tatsache allein, dass sich zwei Personen gut kennen, bedeutet aber noch nicht, dass sie eine vertrauensvolle Beziehung miteinander haben. Interpretiert es aber einer der Beteiligten als Vertrauen und der andere als Vertrautheit, kann es schnell zu einem

Vertrauensbruch kommen. So erlebte ich es in einem Workshop, in dem sich eine Führungskraft ausführlich über ihre körperlichen Befindlichkeiten äußerte, was die Mitarbeiter als viel zu vertraut wahrnahmen und es ihnen deshalb schwer fiel, dieser Person gegenüber Vertrauen zu fassen.

Doch wie geht man damit um, wenn Vertrauen zerstört wurde? Und wie entsteht solch ein Vertrauensverlust? Wenn Vertrauen eine subjektive und individuelle Überzeugung/oder Einstellung ist, dann impliziert dies auch, dass die Wahrnehmung eines Vertrauensbruchs personenabhängig ist. Folglich kann eine Person das Vertrauen einer anderen verletzten, ohne etwas dergleichen im Sinn gehabt zu haben. Was für den einen schon ein Vertrauensbruch darstellt, ist für den anderen vielleicht nur eine Belanglosigkeit. Würde beispielsweise in einem Meeting eine Aussage über eine nicht anwesende Person fallen, empfindet es der eine als Vertrauensbruch, es dieser Person zu erzählen, während es ein anderer als Vertrauensbeweis empfindet genau dies zu tun. Lernen wir einen Kollegen neu kennen, beobachten wir sehr aufmerksam, ob wir dieser Person vertrauen können oder nicht.

Mit unserem Vertrauen entwickeln wir auch eine Erwartungshaltung, bezüglich des Verhaltens des anderen. Erfüllt er diese Erwartung nicht, fühlen wir uns betrogen und ziehen uns zurück, oder machen dem Anderen Vorwürfe. Durch dieses Verhalten beginnt eine negative Spirale, denn von nun an interpretieren wir jedes Verhalten des anderen als Bestätigung dafür, dass diese Person nicht vertrauenswürdig ist. Doch damit schaden wir uns selbst am meisten.

Zum einen weil wir unseren Fokus auf die negativen und frustrierenden Ereignisse lenken, zum anderen aber auch, weil festgestellt wurde, dass Menschen, die nicht vergeben können in gesundheitlich schlechterer Verfassung sind. Anhaltende Wut, Frustration und vor allem

Rachegefühle führen zu erhöhtem Blutdruck, Schwächung des Immunsystems und erhöhte Entzündungsgefahr, ähnlich wie es bereits bei den somatischen Markern erläutert wurde (Sifferlin 2016). Unabhängig von diesen körperlichen Nachteilen besteht auch die Option eines persönlichen Verlustes einer wertvollen Beziehung, denn durch eine konstruktive Auseinandersetzung mit dem Vertrauensbruch, haben wir auch die Chance, die Beziehung zu der Person weiter auszubauen und zu vertiefen.

5.5   Sich offen zeigen

Doch um vertrauen zu können und bereit zu sein, mehr zu geben als zu nehmen, müssen wir offen sein und in Kauf nehmen, dass wir möglicherweise enttäuscht oder ausgenutzt werden. Wir gehen mit einem vertrauensvollen, gebenden Verhalten immer auch ein gewisses Risiko ein, als weich oder naiv zu gelten. Und wenn – wie mir immer wieder berichtet wird – das Unternehmen oder Abteilungen als Haifischbecken bezeichnet werden, ist das Wagnis noch viel größer. Doch Menschen, die immer erst mal misstrauisch sind und nur an sich denken, isolieren sich langfristig und werden durch die fehlende Verbundenheit einsam. Und da der Mensch ein soziales Wesen ist, führt die Einsamkeit zu seelischen und körperlichen Krankheiten. Sie steigert das Risiko an Krebs, Herzinfarkt oder Demenz zu erkranken und führt ebenfalls zu erhöhtem Stress (Franck 2019). Einsamkeit ist dabei ein Zustand in dem jemand sich unfreiwillig alleine fühlt, ganz gleich ob er viele oder wenige soziale Kontakte hat. Egoistisches und misstrauisches Verhalten aber macht auf Dauer einsam und in Teams oder Abteilungen wird dadurch das Arbeitsklima nachhaltig gestört.

Ich erlebe es immer wieder, dass Führungskräfte, die mit ihren Mitarbeitern über Sorgen und Ängste sprechen, mehr Respekt und Anerkennung erhielten und eine bessere Zusammenarbeit ermöglichten, wie das folgende Beispiel aus einem meiner Workshops zeigt:

Beispiel für offene Kommunikation

Ein Abteilungsleiter eines Versicherungsunternehmens wurde von seinem Chef aufgefordert, Einsparungen vorzunehmen, die zu starken Einschnitten in der Abteilung führen würden. Zunächst überlegte er tagelang, wie er diese Anforderungen umsetzen konnte. Wie er es auch drehte, er hatte immer das Gefühl, ungerecht zu handeln. Da er aber ein gutes Vertrauensverhältnis zu seinen Mitarbeitern hatte und sie als leistungsorientiertes Team kannte, entschloss er sich, die Herausforderung und seine Gedanken dazu mit seinem Team zu teilen. Nach ersten emotionalen Reaktionen und einem offenen Dialog über die Ängste des Teams, gelang es ihnen schließlich gemeinsam in einer produktiven Diskussion einen Lösungsansatz zu entwickeln, der von allen getragen werden konnte.

Führungskräfte können dabei eine wichtige Vorbildfunktion übernehmen. Sie haben einen großen Wirkhebel für ihre Mitarbeiter und können die Verbundenheit in einem Team maßgeblich gestalten. Da Grant beispielsweise festgestellt hat, dass die Anwesenheit eines einzigen Gebers in einem Team gereicht hat, die Normen des Gebens zu etablieren (Grant 2013), kann die Führungskraft hier wichtige Impulse setzen.

Eine mögliche Form, dieses Verhalten zu zeigen, können Fragen nach Unterstützung oder nach einem Rat bei Kollegen sein. Das ist eine gute Möglichkeit, die Kommunikation und damit die Verbundenheit zu verbessern. Denn wenn wir aufrichtig um Rat bitten, Fragen stellen, zuhören, regen wir damit unser Gegenüber zu Empathie an und zollen ihm Anerkennung für sein Fachwissen und seine Kompetenz. Doch hilft das Fragen nur, wenn wir mit ehrlichem Interesse und wirklicher Neugierde zuhören, was der andere zu sagen hat.

Die Ängste und Sorgen, die aktuelle gesellschaftliche und wirtschaftliche Entwicklungen bei uns auslösen, entstehen auch dadurch, dass wir es verlernt haben, über unsere Gefühle und Unsicherheiten zu reden und sich mit ihnen auseinander zu setzen. Wir haben jahrelang gelernt, dass in unserem beruflichen Alltag Gefühle nichts zu suchen haben, dass das Professionelle gleich bedeutend ist mit dem Rationalen. Aber es ist uns ja nicht möglich, die Gefühle an der Bürotür einfach abzuschalten. Wir gehen im Berufsleben genau so mit unseren Erfolgen und Niederlagen um wie in unserem privaten Leben (Brown 2016).

Der Wunsch, den Gefühlen im Arbeitsleben mehr Raum zu geben, bedeutet aber nicht, dass jedes Gefühl, dass sich gerade in uns breit macht, mit der Gemeinschaft geteilt werden muss. In meinem Moderationsalltag erlebe ich es immer wieder, dass Mitarbeiter äußerten, welche Gefühle der andere bei ihm auslöst. Auch wenn es gut ist, dass diese Gefühle wahrgenommen werden, ist diese Art des miteinander Teilens nicht immer zielführend, da sie oft mit einer Haltung kommuniziert werden, die den anderen für die ausgelösten Gefühle verantwortlich macht. Diese Art des Redens über die Gefühle ist kontraproduktiv, da sie die Emotionen in den Vordergrund rückt. Es geht aber darum das Rationale und das Emotionale miteinander zu verbinden.

Zunächst ist es wichtig Gefühle wahrzunehmen, aber dann müssen wir auch reflektieren:

- Woher kommen diese Gefühle?
- Was steht dahinter?
- Wodurch wurde dieses Gefühl ausgelöst?
- Welchen Anteil habe ich daran?

Nur so werden die Gefühle ein guter Hinweisgeber für unser Befinden und werden ein hilfreiches Instrument für das wertschätzende Miteinander, da wir auf diese Weise auch unserem Umfeld mitteilen können, was uns wichtig ist.

Abschließend bleibt festzustellen, dass niemand Höchstleistung vollbringen kann, ohne ein Netzwerk an Menschen, die ihn unterstützen, die zusammen einstehen für wichtige Ideen, Projekte oder Anliegen. Das ist in allen Bereichen des Lebens so, ganz gleich ob im Sport, in der Projektarbeit, in der Familie, Verein oder bei anderen größeren Vorhaben. Gerade in Zeiten wachsender Dynamik, in der wir weniger Sicherheit und Kontinuität erleben, ist es wichtig, Menschen um sich zu haben, auf die wir uns verlassen können, die uns unterstützen und Begleiter für uns sind, in guten wie in schlechten Zeiten.

Wenn wir mit Empathie, Fairness und Anstand auf unser Gegenüber zugehen, können wir uns wirklich mit ihnen verbunden fühlen. Ein „Auge um Auge"-Denken dagegen, würde die ganze Welt blind machen (Mahatma Ghandi).

Als soziales Wesen braucht der Mensch den Austausch mit anderen. Offenheit, Vertrauen, Kommunikation und Kooperation fördern diese Verbundenheit, welche sich positiv auf unsere wahrgenommene Sinnhaftigkeit auswirkt.

Literatur

Anhäuser M (2008) Egoismus schafft Gemeinsinn. Auf der Suche nach den Treibkräften der Kooperation. Max Plank Institut. https://www.scinexx.de/dossier/egoismus-schafft-gemeinsinn/. Zugegriffen: 22. Okt. 2019

Bateson M, Nettle D, Roberts G (2006) Cues of being watched enhance cooperation in a real-world setting. Biol Lett Sep 22; 2(3):412–414. Published online 2006 Jun 27. https://doi.org/10.1098/rsbl.2006.0509. Zugegriffen: 22. Okt. 2019

Bauer J (2006) Warum ich fühle, was Du fühlst. Intuitive Kommunikation und das Geheimnis der Spiegelneuronen. Heyne, München

Bekoff M, Pierce J (2009) Wild justice. The moral lives of animals. The University of Chicago Press, Chicago

Brown B (2016) Laufen lernt man nur durch Hinfallen. Kailash, München

Eidenschink K (2003) Warum Führen Stress verursacht. Wirtschaft und Weiterbildung. 2003(November/Dezember):32–35

Franck A (2019) So sehr kann uns Einsamkeit krank machen. https://www.quarks.de/gesellschaft/psychologie/so-sehr-kann-uns-einsamkeit-krank-machen/. Publiziert am 26.04.2019. Zugegriffen: 21. Dez. 2019

Grant A (2013) Geben und Nehmen, Erfolgreich sein zum Vorteil aller. Droemer, München

Han BC (2016) Die Austreibung des Anderen. Gesellschaft, Wahrnehmung und Kommunikation heute. Fischer Verlag, München

Kern ML, Park G, Eichstaedt JC, Schwartz HA, Sap M, Smith LK. & Ungar LH (2016) Gaining Insights From Social Media Language: Methodologies and Challenges. Psychological Methods 21(4):507

Luhmann N (2000) Vertrauen: ein Mechanismus der Reduktion sozialer Komplexität. Lucius & Lucius, Stuttgart

Opaschowski H (2019) Wissen, was wird: Ein kleine Geschichte der Zukunft Deutschlands. Patmos, Düsseldorf

Scharmer O (2019) Essentials aus der Theorie U – Grundprinzipien und Anwendungen. Carl-Auer, Heidelberg

Schmidt E, Rosenberg J (2019). Trillion Dollar coach: The leadership handbook of Silicon Valley's Bill Campbell: The leadership playbook of Silicon Valley's Bill Campbell. John Murray, London

Sifferlin A (2016) Forgiving other people is good for your health. In: Time – mental health. https://time.com/4370463/forgiveness-stress-health/. Zugegriffen: 22. Okt. 2019

Swiss Life (2019) Stress Statistik: Zwei von drei Deutschen im Job gestresst. https://www.swisslife.de/presse/pressemitteilungen/mediareleases/newsfeed/2019/SLBU-Report11.html. Zugegriffen: 22. Okt. 2019

Welzer H (2017) Selbst Denken – Eine Anleitung zum Widerstand. Fischer, Frankfurt

6

Standhaftigkeit durch Toleranz

Die Seele ruft uns dazu auf, die Stimme zu erheben,
wenn unser Selbst gefährdet ist.
(Laloux)

Inhaltsverzeichnis

Bisher haben wir uns damit beschäftigt, wie wir selber funktionieren, was uns wichtig ist und wie wir eine gute, empathische und vertrauensvolle Beziehung zu unseren Mitmenschen herstellen können. Doch was ist, wenn unsere Meinung, unsere Haltung, unsere Werte nicht mit dem übereinstimmen, was um uns herum geschieht? Was

© Springer-Verlag GmbH Deutschland, ein Teil von Springer
Nature 2020
T. Keller, *SINNvoll arbeiten*,
https://doi.org/10.1007/978-3-662-60596-7_6

passiert, wenn wir mit Widerstand oder auch mit Konsequenzen rechnen müssen, die uns möglicherweise schaden können? Wie können wir es schaffen, dennoch aktiv zu werden und uns dem entgegenzustellen? Die Lösung für alle diese Fragen lautet: Mit Standhaftigkeit. Erst durch Standhaftigkeit wird unsere innere Haltung tatsächlich sichtbar. Sie ist ein wesentliches Element, um genau das leben zu können, was uns gut tut und was wir wollen. Das wiederum führt dazu, dass wir unser Handeln als sinnvoll erleben und uns dadurch zufrieden, glücklich, optimistisch und lebendig fühlen.

Standhaftigkeit steht für ein Verhalten, dass uns ermöglicht, auch im Angesicht von Widerstand oder negativen Konsequenzen, eine eigene Haltung oder Meinung zu kommunizieren. Genau genommen ist es eine Fähigkeit, die es uns ermöglicht, selbst bei verlockenden Versuchungen oder Druck tatsächlich unsere Ideale nicht aus den Augen zu verlieren und dafür einzustehen. Das hat viel mit Mut und Selbstvertrauen zu tun, aber auch mit der eigenen Sicherheit, Stabilität und letztendlich Unbestechlichkeit.

Im Alltag ist es jedoch gar nicht so leicht, immer zu seinen Werten und Haltungen zu stehen. Manchmal erscheint es taktisch klüger, abzuwarten, mal ist es uns einfach zu anstrengend sich für etwas einzusetzen und mitunter haben wir auch Angst, etwas zu verlieren, sei es Anerkennung, Reputation, Ansehen, Achtung oder eine Beziehung.

Die Tatsache, dass es uns manchmal zu anstrengend ist, klingt gerade so, als ob wir zu faul wären. Aber auch für unsere Zurückhaltung gibt es einen biologisch nachvollziehbaren Grund. Der Mensch ist von Natur aus eher bequem. Unter Berücksichtigung der Evolution war es sogar zumeist klug, mit minimalem Aufwand einen maximalen Ertrag zu erreichen. Das ist eine überlebenswichtige Eigenschaft. Wir haushalten quasi mit unseren Kräften und passen uns den Gegebenheiten an. Hätten sich die Menschen früher zum Beispiel bei der Suche nach Nahrung schon völlig verausgabt, dann hätten sie womöglich bei drohender Gefahr gar nicht mehr fliehen können, sie hätten keine Kraft für andere Aufgaben mehr gehabt oder aber sie hätten ihre Nahrungsmittel gar nicht aufbewahren können. Entscheidend war es, die Kräfte optimal einzusetzen (Selinger 2015). Auch heute noch versuchen wir abzuwägen, wie viel Einsatz sich lohnt, um unsere Ziele oder einen bestimmten Ertrag zu erreichen. Da wir uns aber in einer komplexen Welt befinden und wir niemals in der Lage sind die Zukunft zu antizipieren, entscheiden wir uns immer wieder für eine defensive Vorgehensweise und warten erst mal ab, ob es überhaupt notwendig ist, sich aus der eigenen Deckung zu wagen.

Um uns aus der Deckung zu wagen, müssen wir nämlich immer wieder unsere Angst überwinden. Die Angst ist ein wichtiges Gefühl, das uns vor Gefahren schützt und uns signalisiert, wann wir achtsam und vorsichtig sein müssen. Auf unsere Ängste zu achten ist deshalb auch absolut wichtig und sinnvoll. Unser Angstgefühl wird ausgelöst durch die Amygdala (oder dem Mandelkern), die ein Teil unseres limbischen Systems im Gehirn ist. Die Amygdala vergleicht unsere bisher gemachten Erfahrungen mit denen, die wir gerade erleben und signalisiert uns, ob Gefahr droht. Nur manchmal ist die Amygdala sehr vorsichtig und warnt uns schon frühzeitig, obwohl noch gar keine Gefahr droht, wie es bei Höhenangst oder Flugangst der Fall ist. Hin und wieder schlägt sie sogar Fehlalarm, wenn wir uns beispielsweise vor unserem eigenen Schatten erschrecken.

Deshalb haben wir die Tendenz, uns auf Dinge zu konzentrieren, die eine potenzielle Gefahr darstellen, damit wir uns schützen können. Darum nehmen wir eine kritische Äußerung auch viel stärker wahr, als eine positive. Losada und Fredrickson, zwei amerikanische Professoren, haben herausgefunden, dass es sehr viel mehr positiver Botschaften bedarf als negativer, damit eine Situation als harmonisch wahrgenommen wird (Fredrickson 2011). Und das ist genau das, was in der Politik, der Wirtschaft und in unserer Gesellschaft gerade passiert. Wir sehen überall Gefahren, die uns vermeintlich bedrohen. Was wiederum dazu führt, dass wir zurückhaltend reagieren, selbst wenn ein anderes Verhalten zielführender wäre. Wir wägen unsere Meinung, unsere Prioritäten mit unseren Erfahrungen ab und prüfen, wie erfolgreich entsprechender Widerstand sein könnte. Wir sollten uns aber bewusst machen: „Angst liegt nie in den Dingen selbst, sondern darin, wie man sie betrachtet." (Anthony de Mello).

Entscheiden wir uns dafür, nichts zu sagen und lieber ruhig zu bleiben, führt dies zum einen dazu, dass wir eine Situation nicht verändern, andererseits führt es aber auch dazu, dass wir unsere Gesundheit beeinträchtigen. Verschiedene Forschungsarbeiten haben bewiesen, wie es den Menschen krank macht, wenn er regelmäßig seine eigenen Bedürfnisse und Gefühle unterdrückt. Das kann sowohl in Situationen sein, in denen wir uns über das Verhalten oder die Aussagen anderer aufregen, als auch in Situationen, in denen wir selber kritisch mit uns sind, weil wir einen Fehler gemacht oder wir etwas nicht geschafft haben. Dann scheint es so, als wäre Nichts zu sagen klüger und die bessere Lösung, um so zu vermeiden, dass der Fehler keine weiteren Folgen hat. Aber häufig rächt sich diese Art der Zurückhaltung. Erst spüren wir ein gewisses Unbehagen oder auch Wut gegen eine Person oder eine Situation. Wenn wir diese Wut aber weder ansprechen noch sonst irgendwie ausleben, fangen wir irgendwann damit an, uns innerlich aus dem Geschehen heraus zu ziehen oder es zu verdrängen. Wir fühlen uns immer schlechter, es rumort in uns, und es kommt dann entweder zu einer explosionsartigen, eher unangemessenen emotionalen Reaktion oder wir bekommen – kurz- oder langfristig je nach persönlicher Konstitution – sogar gesundheitliche Beschwerden und werden schließlich krank.

Mutig zu sein und Dinge anzusprechen, die uns beschäftigen oder mit denen wir hadern, hilft uns dagegen wieder unser Potenzial und unsere Kraft zu spüren.

6.1 Mut

Viele gesellschaftliche, technische und soziale Errungenschaften unserer Zeit wären nicht entstanden, wenn nicht irgendwann jemand den Mut gehabt hätte, bestehende Regeln und Normen zu hinterfragen und Veränderungen zu fordern. Menschen wie Mahatma Gandhi, Rosa Park, Martin Luther King oder Greta Thunberg haben angefangen, öffentlich über das zu reden, was sie ändern wollten und haben damit schließlich die Welt tatsächlich verändert.

Wir kommen aber immer wieder in innere Diskurse, wenn es darum geht, welche Regeln und Normen wir akzeptieren und einhalten wollen und welche nicht. Wir würden beispielsweise bei einer Firmenfeier, niemals aus dem Glas eines Kollegen trinken. Bei der Frage nach der passenden Bürokleidung, kann es schon sehr viel komplexer sein, was angebracht ist, inwieweit wir uns anpassen wollen oder an welcher Stelle wir die Regeln brechen.

Den richtigen Grad zwischen regelkonformem und regelhinterfragendem Verhalten zu finden, ist manchmal nicht einfach. Entscheidend für uns ist, dass wir uns selber bewusst machen, welche Prioritäten uns wichtig sind und für welche Themen wir einstehen wollen. Und wenn wir spüren, dass etwas in die falsche Richtung läuft, dann sollten wir Stellung beziehen und unseren persönlichen Eindruck oder unsere Meinung äußern. Das erfordert Mut und eine Selbstwahrnehmung, die uns selbst dazu befähigt, zu verstehen was uns bewegt.

So können beispielsweise die bereits erwähnten somatischen Marker hilfreich sein, da sie wie ein Frühwarnsystem funktionieren. Sie geben uns die notwendigen Hinweise, ob wir uns gerade zu sehr anpassen oder einer Herausforderung ausweichen. Wenn wir in der Lage sind, unseren inneren Zustand zu beschreiben und mitzuteilen, entsteht die Chance für eine wertschätzende Kommunikation.

In einem Team-Workshop habe ich es erlebt, dass die Mitarbeiter ziemlich enttäuscht von der Führungskraft waren, weil diese während der Meetings immer wieder auf dem Handy tippte. Die Mitarbeiter empfanden das Verhalten als Desinteresse, wollten ihm aber auch nicht vorschreiben, wie er sich zu verhalten habe. Im Workshop war es dann möglich, den Ärger der Mitarbeiter dem Vorgesetzten gegenüber zu formulieren. Dieser fiel aus allen Wolken, da er sich lediglich Notizen zu dem Workshop auf seinem Handy machte, um nichts zu vergessen. Hätten die Mitarbeiter ihren Ärger nicht angesprochen, wäre es zu ständig anwachsenden Spannungen und Ablehnung gekommen.

Meine Erfahrung zeigt, dass es gar nicht so schwer ist (wie anfangs angenommen), schwierige oder komplizierte Themen anzusprechen. Wenn einer frühzeitig den Mut aufbringt und in kooperativer und konstruktiver Weise anspricht was er wahrnimmt, fühlt oder denkt, entsteht daraus ein hilfreicher Austausch und letztendlich auch vertiefende Erkenntnisse. Meistens ist unser Gegenüber eher überrascht von der anderen Perspektive, den ungleichen Bedürfnissen, aber auch von dem differenzierten Verständnis von Begriffen oder Situationen.

Sind wir zu lange still, wenn wir genervt über das Verhalten eines anderen sind, ärgern wir uns über eine Bemerkung die gefallen ist oder mögen nicht die Art wie jemand etwas gesagt hat und sagen nichts, dann fangen wir sinnbildlich an „Rabattmarken" zu sammeln. Und damit setzt sich eine negative Spirale in Bewegung (wie schon beim Thema Vertrauen beschrieben). Wir suchen immer noch weitere Gründe, warum uns diese Person so wütend macht. Wie bei einem Rabattmarkenheft sammeln wir Punkte, die unsere Wahrnehmung dieser Person bestätigen. Bis uns irgendwann jede Kleinigkeit an ihr aufregt. Selbst wenn wir versuchen uns einzureden, dass wir über den Dingen stehen und vollkommen gelassen, tolerant und großzügig sind. In Wirklichkeit aber haben wir jede Kleinigkeit gesammelt und unser Rabattmarkenheft gefüllt. Wir haben Indizien gesammelt, die unseren Unmut bestätigen. Wir haben Aspekte gesucht, die perfekt in das einmal festgelegt Muster passen. Wir interpretieren jedes Wort, jede Mimik und Geste in der für unsere Annahme passenden Art. Bis uns dann irgendwann der Kragen platzt und wir in einer Weise überreagieren, die für den anderen völlig unverständlich und überraschend ist.

Gerade in Besprechungen erlebe ich immer wieder, dass zwar Meinungen ausgetauscht werden, aber keiner dem anderen aufmerksam zuhört, folglich die Meetings frustrierend und uneffektiv sind. Ähnlich wie wir es immer wieder in Talkshows sehen, erleben wir Debatten: Jeder versucht den Anderen mit seinen Argumenten zu besiegen und mit Vehemenz, Wortgefechten oder Zwischenrufen zu übertrumpfen, was dann eher einem Schlagabtausch als einem Meinungsaustausch gleich kommt. Das entspricht dem Wort Debatte, das seinen Ursprung in dem französischen Wort „debattre", was so viel wie niederschlagen oder kämpfen bedeutet. Während der andere noch redet, wird zeitgleich über eine passende Antwort nachgedacht. Das aufmerksame Zuhören wird dabei vernachlässigt. Solche Besprechungen sind sehr anstrengend und wenig zielführend. Wesentlich effektiver wäre es, statt zu überreden zu überzeugen. Das gelingt, wenn wir nicht über den anderen hinweg reden, sondern zuhören, uns um Verständnis bemühen und merken, was gerade wichtig und notwendig ist.

(Vergleiche auch das Thema Zuhören im Kapitel Verbundenheit)

6.2 Toleranz

Gute Überzeugungskraft zeigt sich, wenn wir konstruktiv mit Widerständen umgehen können und unser Gegenüber mit einbeziehen. Und dazu brauchen wir Toleranz. Selbst wenn es zunächst wie ein Widerspruch klingt, dass es möglich sein soll zu überzeugen und gleichzeitig tolerant zu sein. Wir können aber erst dann unsere Standpunkte vermitteln, wenn wir verstehen, warum unser Gegenüber eine andere Perspektive hat. Erst so können wir seine Sorgen, Bedenken oder Ängste nachvollziehen und schließlich akzeptieren, dass es nicht nur ein „entweder oder" sondern auch ein „und" gibt.

In interkulturellen Trainings werden Kartenspiele genutzt, bei denen die Teilnehmer – ohne ihr Wissen – unterschiedliche Spielregeln bekommen, um sie für unterschiedliche Perspektiven und Wahrnehmungen zu sensibilisieren. Da die Teilnehmer nicht miteinander sprechen dürfen, entsteht zwischen ihnen schnell eine hohe Irritation, wenn die Mitspieler sich nicht an die vermeintlich für alle geltenden Regeln halten. Sie versuchen sich dann durch Körpersprache gegenseitig auf das „falsche" Verhalten aufmerksam zu machen. Normalerweise gibt es einerseits Teilnehmer, die sich durchsetzen und andererseits jene, die achselzuckend akzeptieren, dass es nicht so läuft wie es sein sollte. Letztere fühlen sich ungerecht behandelt und empfinden die anderen als respektlos. Das kann bis zu Aggressionen führen. Jedoch haben auch die anderen das Gefühl, ihre Mitspieler halten sich nicht an die Regeln.

Diese Übung verdeutlicht sehr gut, wie schnell wir zu Aggression oder Rückzug neigen, wenn nicht nach „unseren eigenen Regeln gespielt wird". Im beruflichen Umfeld und anderswo, erleben wir immer wieder Situationen, wo wir uns vor den Kopf gestoßen fühlen, weil sich unsere Kollegen oder Vorgesetzten in einer Art und Weise verhalten, die wir nicht nachvollziehen können. Die Frage ist immer, wie wir damit umgehen. Die Entscheidung, wie wir reagieren wollen, liegt allein bei uns. So wie Viktor Frankl es mit dem Begriff Proaktivität beschrieb: „Zwischen Reiz und Reaktion liegt ein Raum. In diesem Raum liegt unsere Macht zur Wahl unserer Reaktion. In unserer Reaktion liegen unsere Entwicklung und unsere Freiheit." (Viktor Frankl).

Deshalb ist Toleranz ein wesentlicher Aspekt der Standhaftigkeit. Wenn jeder von uns darauf besteht, dass er Recht hat oder dass seine Meinung die einzige richtige ist, verlieren wir nicht nur unser Gegenüber sondern auch viel Kraft und Energie. Menschen, denen es nur darum geht, Recht haben zu wollen, nutzen nicht alle Ressourcen. Sie denken im Gewinner- und Verlierermodus. Wer hingegen erfährt, was den anderen bewegt, wer Fragen stellt, um die Bedürfnisse des Anderen zu erkennen, der hat auch eine Chance eine gute Lösung zu finden. Mit einer neugierigen, offenen Haltung schaffen wir uns die Möglichkeit, zu verstehen, was andere bewegt und wie sie Dinge wahrnehmen und es erweitern sich die Handlungsoptionen für beide Seiten.

Uns hilft dabei, immer wieder zu bedenken, dass es kein richtig oder falsch, kein wahr oder gelogen gibt. Viel mehr hat jeder seine eigene Geschichte, die er sich erzählt, und von der er überzeugt ist, dass sie wahr ist.

Das sollten wir immer im Hinterkopf behalten und auf keinen Fall vergessen. Dann fällt es uns auch leichter, andere Meinungen zu akzeptieren. Die Geschichten, die wir uns erzählen, ermöglichen uns, handlungsfähig zu bleiben. Sie vermitteln uns Sicherheit, da wir nicht immer in der Lage sind, alle Informationen und Daten in einer Situation oder bei einem Ereignis zu bedenken. Jeder von uns hat Lücken in seinen Erinnerungen, die wir nach besten Wissen und Gewissen versuchen zu ergänzen, um so einen konsistenten Eindruck zu haben. Dadurch werden unsere Erfahrungen und Erinnerungen aber auch subjektiv und sie ordnen die Realität unter.

Die folgende Untersuchung verdeutlicht die Problematik von unterschiedlichen Wirklichkeiten: Richard Nisbett, Professor für Psychologie an der University of Michigan, bat Probanden in einer Untersuchung aus sechs Paar Socken ein Paar auszuwählen. Danach befragte er die Probanden, warum sie genau dieses Paar ausgesucht hatten. Die meisten Teilnehmer hatten verschiedenste Argumente für ihre Wahl, angefangen bei der Farbe, die sie angesprochen hat, bis hin zur Textur oder Form – und das obwohl faktisch alle Socken identisch waren. Jeder Teilnehmer hat sich also individuelle Begründungen für seine Wahl kreiert, völlig unabhängig von der tatsächlichen Beschaffenheit der Strumpfpaare (Nisbett und Wilson 1977). Dieses Experiment veranschaulicht, dass jeder von uns sich seine subjektive Wirklichkeit schafft. Wenn wir unsere Wahrnehmung um individuelle Aspekte ergänzen, dann kann es nicht die eine Wahrheit geben, sondern jedes Individuum hat eine eigene. So ist es auch nachvollziehbar, wie es immer wieder zu Missverständnissen kommen kann, da jeder die Welt unterschiedlich wahrnimmt und wir dennoch der Meinung sind, der andere müsste genau die gleiche Situation erleben wie wir.

Damit wir standhaft sein können, geht es nicht nur darum, zu erkennen, dass wir unterschiedliche Perspektiven haben, sondern darüber hinaus, diese Perspektiven nebeneinander stehen lassen zu können. Diese Multiperspektivität, ursprünglich ein Begriff aus der Didaktik, hilft uns Toleranz gegenüber dem „anders sein" zu entwickeln und uns selbstbewusst und souverän daneben zu stellen, nicht dagegen. Das Aushalten von unterschiedlichen Perspektiven ist nicht immer leicht. Eine gute Selbstreflexion und auch das Bemühen wirklich mit dem Gegenüber auf Augenhöhe zu sein – also weder überheblich noch unterwürfig – ist wichtig, um standhaft zu einer kritischen Haltung zu stehen und eine klare Sprache zu finden.

6.3   Konflikte austragen

Immer wieder versuchen wir, Kompromisse zu finden, bei denen möglichst viele Bedürfnisse berücksichtigt werden. Doch da dies meistens zu Lösungen mit dem kleinsten gemeinsamen Nenner führt, ist dies nicht immer der beste Weg. Am Ende führen Kompromisse meistens zu Ergebnissen, für die sich keiner mehr verantwortlich fühlt, weil sich keiner mehr mit dem Entschluss wirklich identifizieren kann. Dann wird es schwierig, Engagement und Begeisterung (Commitment) für diesen Kompromiss zu bekommen. Umso wichtig ist es, seinen Standpunkt so zu vertreten, dass alle begreifen, wo die Prioritäten liegen. Zugleich sollten wir darauf achten und auch verstehen, was dem anderen wichtig ist. Die Suche nach einer Lösung durch Verständnis und Neugierde, kann dazu führen, dass Lösungen entstehen, an die vorher keiner gedacht hat und die für beide Seiten mehr Vorteile bringen. Roger Fischer und William Ury, beides Professor für Rechtswissenschaften an der Harvard Law School, haben das am Beispiel der Orange in ihrem Buch „Das Harvard-Konzept" erklärt (Fisher und Ury 2018): Wenn zwei Personen eine Orange wollen, ist die häufigste Vorgehensweise für eine gerechte Verteilung, dass man sie in zwei Hälften schneidet. Möglicherweise wäre es aber hilfreich zu erfahren, wofür die beiden Personen die Orange brauchen. Denn dann könnte sich herausstellen, dass der eine gerne Orangensaft machen möchte, während der andere die Schale für einen Kuchen braucht. Das heißt neben der rein objektiven, gerechten Lösung, die Orange in zwei Hälften zu teilen, gäbe es noch eine weitere Lösung, die für beide Seiten viel befriedigender wäre, wenn die jeweiligen Bedürfnisse bekannt sind.

Umgang mit schwierigen Menschen

Brené Brown, Professorin für Soziologie an der University of Texas in Austin, hat noch eine weitere, sehr einfache Methode entwickelt, wie es uns gelingen kann, mit Menschen, mit denen uns der Umgang schwer fällt, besser umzugehen. Überlegen Sie sich jemanden, der Sie wirklich nervt. Schreiben Sie den Namen der Person auf einen Zettel. Haben Sie jemanden? Dann stellen Sie sich jetzt folgende Frage: Was wäre, wenn diese Person wirklich ihr Bestes probiert? Könnte es sein, dass diese Person alles tut, was sie kann, um ihr Bestes zu geben?

Möglicherweise verändert diese Frage die Sichtweise auf diese Person. Und wenn Sie bezweifeln, dass die Menschen ihr Bestes geben, dann möchte ich Ihnen die Antwort von Browns Ehemann auf die Frage, ob er glaubt, dass die Menschen ihr Bestes geben, nicht vorenthalten: „Das Einzige was ich weiß, ist, dass es mir bessergeht, wenn ich annehme, dass Menschen ihr Bestes tun. Es hält mich vom Urteilen ab und hilft mir, mich auf das zu konzentrieren, was ist, und nicht auf das was sein sollte oder sein könnte." (Brown 2016).

Konflikte auszutragen kostet Zeit. In einem Arbeitsalltag, der von Zeit- und Leistungsdruck geprägt ist, werden deshalb häufig die anstehenden Aufgaben schnell selbst erledigt oder Konflikte gar nicht angesprochen. So geht keine „unnötige" Zeit verloren. Eine Person wächst und reift aber durch Konflikte (Han 2016).

Wir müssen uns immer wieder bewusstmachen, dass wir nicht den anderen schonen, wenn wir einen Konflikt meiden. Vielmehr schonen wir uns selber und verpassen eine Chance, uns weiter zu entwickeln.

Die folgenden Hinweise helfen uns, Konflikte konstruktiv und kooperativ anzugehen:

1. Es geht um die Sache, nicht um die Person.
   Kraft und Mut zum Widerspruch holen wir meist aus unserer Haltung zu einem Thema, für ein Ziel oder bei einer Angelegenheit, die uns wichtig ist. Deshalb sind wir gut beraten, am Thema zu bleiben und uns nicht durch verbale Angriffe zu einem persönlichen Schlagabtausch verleiten zu lassen.
2. Abstand zur Situation bekommen.
   Für eine Reaktion, die konstruktiv ist und weiterführt, brauchen wir eine gute Selbstreflexion und die Fähigkeit, in dieser Situation auch auf die Metaebene gehen zu können. „Atmen und Achtsamkeit verschaffen uns das Gewahrsein und den Raum, die wir brauchen, um Entscheidungen zu treffen, die in Einklang mit unseren

Werten stehen." (Brown 2016). Überlegen Sie, welche Bedürfnisse im Raum aufeinander treffen und mit welchen Fragen Sie den anderen einladen können, um kurz inne zu halten.

3. Das Ego im Griff behalten.

Wenn wir achtsam reflektieren, ob wir aus Eigennutz handeln und die anderen ausblenden oder ob wir aus unserer inneren Haltung heraus reden, unterstützt das einen guten Umgang miteinander. Der Austausch und die Neugierde auf den anderen bewirkt eine konstruktive und hilfreiche Auseinandersetzung.

Eine Haltung zu entwickeln, bei der wir neugierig und offen bleiben und gleichzeitig auch unsere eigenen Werte und Bedürfnisse nicht aus dem Auge verlieren, gibt uns Stabilität und erzeugt sinnvolles Handeln. Unterstützend ist es, wenn wir Rückzugsräume haben oder Möglichkeiten konfliktlösendes Verhalten auszuprobieren.

Standhaftigkeit bedeutet Mut zu haben, seine Grenzen aufzuzeigen, seine Meinung wertschätzend zu äußern, aber auch Toleranz für unterschiedliche Perspektiven zu haben. Denn erst durch wirkliches Verständnis der jeweiligen Positionen sind wir in der Lage, Konflikte konstruktiv zu lösen, ohne dabei unsere eigene Position aus dem Auge zu verlieren.

Literatur

Baumeister R, Tierney J (2012) Die Macht der Disziplin – Wie wir unseren Willen trainieren können. Campus, Frankfurt

Brown B (2016) Laufen lernt man nur durch Hinfallen. Kailash, München

Dweck C (2015) Selbstbild. Wie unser Denken Erfolge oder Niederlagen bewirkt. Piper, München

Fisher R, Ury W (2018) Das Harvard Konzept – Die unschlagbare Methode für beste Verhandlungsergebnisse. Deutsche Verlagsanstalt, München

Fredrickson B (2011) Die Macht der guten Gefühle – Wie eine positive Haltung Ihr Leben dauerhaft verändert. Campus, Frankfurt

Han BC (2016) Die Austreibung des Anderen. Gesellschaft, Wahrnehmung und Kommunikation heute. Fischer Verlag, München

Laloux F (2015) Reinventing Organizations – Ein Leitfaden zur Gestaltung sinnstiftender Formen der Zusammenarbeit. Vahlen, München

Nisbett R, De Camp Willson T (1977) Telling more than we can know: verbal reports on mental processes. Psychol Rev 84(3 May):231–259

Scharmer O (2019) Essentials aus der Theorie U – Grundprinzipien und Anwendungen. Carl-Auer, Heidelberg

Selinger J (2015) Humans can continously optimize energetic cost during walking. Curr Biol 25:2452–2456 (September 21, 2015 a2015)

Sprenger RK (2015) Die Entscheidung liegt bei Dir! – Wege aus der alltäglichen Unzufriedenheit. Campus, Frankfurt

Thum G (2016) Encourage – Mut zur Veränderung; Klarheit Entscheidungsstärke, Wirksamkeit. Business Village, Göttingen

7

Verantwortungsvolles Handeln

Es gibt nichts Gutes außer man tut es.
Erich Kästner

Inhaltsverzeichnis

Durch unsere Überzeugungen tatsächlich auch zum Handeln zu kommen, fällt uns nicht immer leicht. So sind wir uns beispielsweise einig, dass wir ein Umweltproblem haben, aber nur die wenigsten sind bereit ihr Verhalten zu ändern. Alle sind gegen Massentierhaltung, aber nur ganz wenige kaufen das Fleisch aus artgerechter Tierhaltung. Woher kommt es, dass wir immer wieder gegen unsere

© Springer-Verlag GmbH Deutschland, ein Teil von Springer
Nature 2020
T. Keller, *SINNvoll arbeiten*,
https://doi.org/10.1007/978-3-662-60596-7_7

eigentliche Überzeugung handeln? Ist es die in Kapitel sechs beschriebene Bequemlichkeit, die mit dem Bestreben verbunden ist, mit dem geringstmöglichen Aufwand das maximale Ergebnis zu erreichen? Oder liegt es daran, dass unsere Gewohnheiten bereits so stark sind, dass es uns einfach schwer fällt, daran etwas zu ändern? Wie kommt es, dass wir mit so vielen Dingen unzufrieden sind und sich dann doch nur so wenig ändert? Die einen sagen, das liegt am System, die anderen behaupten, die Unternehmen seien daran schuld, wieder andere sagen es läge prinzipiell an „den anderen". Aber wer ist denn das System, wer das Unternehmen? Alle Systeme und Organisationen setzen sich aus Menschen zusammen, was bedeutet, dass wir alle ein Teil dieser Systeme und Organisationen sind und damit auch Mitgestalter der aktuellen Situation. Häufig höre ich in Unternehmen: „Da kann ich ohnehin nichts ausrichten!", „So lange die da oben nichts ändern, kann ich auch nichts ändern!" oder es kommt eine Forderung nach einer Obrigkeit, die es richten soll. Wenn irgendwas passiert, wird sofort der Ruf nach Regulierung, Ge- und Verboten und neuen Gesetzen laut. Es soll alles möglichst sicher sein.

Was steckt dahinter? Warum wünschen sich so viele Menschen mehr Regulation und stärkere Kontrollen? Vermutlich, weil wir merken, dass wir als Einzelne nur wenig Einfluss haben und sich ein Gefühl von Ohnmacht und Hilflosigkeit ausbreitet. Es erscheint gleichgültig, ob wir demonstrieren oder nicht, ob wir umweltfreundlich leben oder nicht, ob wir sparen oder verschwenden. Letztendlich erscheint uns alles egal, wir fühlen uns einfach zu klein, um wirksam zu sein. Und dieses Gefühl, nichts verändern oder beeinflussen zu können, löst einen hohen Grad an Frustration aus. Die Wirksamkeit unseres Handelns aber, Bandura nannte es Selbstwirksamkeit, ist ein wesentliches Element der psychischen Gesundheit und Stabilität (Bandura 1997).

7.1 Selbstwirksamkeit

Die wahrgenommene Wirksamkeit unseres Handelns trägt in hohem Maße zu unserer Zufriedenheit und auch zu unserem Selbtbewusstsein bei. Haben wir etwas bewältigt, mitgestaltet oder weiterentwickelt sind wir zufrieden mit uns und unserer Arbeit. Wir sind erfolgreich gewesen und das fühlt sich stärkend und erfüllend an. Und umgekehrt kann das Gefühl nichts bewirken zu können uns lähmen und blockieren. Wir ziehen uns innerlich zurück, resignieren und machen nur noch Dienst nach Vorschrift. Das schadet sowohl uns selbst als auch der Organisation oder dem Projekt in dem wir tätig sind.

Selbstwirksamkeit entsteht, wenn wir für die Dinge, die wir tun, auch die Verantwortung übernehmen. Schließlich hat jeder von uns die Freiheit, seine Handlungsspielräume zu nutzen, selbst wenn er sich dafür entscheidet, nichts zu tun. Alle agilen Organisationsformen leben davon, dass jeder Einzelne für sein Handeln verantwortlich ist und selber Entscheidungen trifft. Es ist unsere Wahl, wie wir diese Freiheit nutzen und kein Schicksal. Deshalb sollten wir uns nicht ständig über alles Mögliche ärgern, sondern lieber etwas ändern. Wir sollten mehr gestalten als nur verwalten.

Vor allem im Bereich der Entscheidungsprozesse machen immer mehr Unternehmen die Erfahrung, dass das Einbeziehen der Mitarbeiter zu besseren Ergebnissen führt, da alle Kompetenzen abgerufen werden. Und die Mitarbeiter tragen diese Entscheidungen deutlich motivierter mit, als bei übertragenen Handlungsanweisungen. Dabei ist das Gefühl, bei seiner Arbeit wirksam zu sein, bei Arbeitern höher als bei Angestellten (Hammermann 2019). Andrea Hammermann vom Institut der deutschen Wirtschaft erklärt das damit, dass bei der Produktion konkrete Ergebnisse vorliegen und eine Änderung im

Verhalten zu unterschiedlichen Ergebnisse führt. Hingegen haben Angestellte, die nicht direkt an einem Produktionsprozess beteiligt sind, keine unmittelbare Rückmeldung zu ihrem Verhalten und die Ergebnisse ihrer Arbeit sind nicht direkt ihren Entscheidungen und Verhaltensweisen zuzuordnen. Da in Deutschland, laut statistischem Bundesamt, über 65 % der Erwerbstätigen Angestellte sind, wir also immer stärker im Dienstleistungssektor und Wissensbereich arbeiten, ist dies ein Hinweis dafür, dass es einen großen Anteil von Personen gibt, die ihre Selbstwirksamkeit nicht unmittelbar spüren.

Damit wir aber die Wirksamkeit unseres Handelns auch wahrnehmen können, ist es notwendig, mehr Verantwortung zu übernehmen. Es reicht nicht, die anderen dafür verantwortlich zu machen, dass etwas nicht funktioniert. Wir haben uns in den letzten Kapiteln damit auseinandergesetzt, was unsere Stärken und Fähigkeiten sind, welche Werte uns wichtig sind und welche Prioritäten wir haben. Wir haben gelernt, uns Unterstützung zu holen und für die Dinge, die uns wichtig sind, einzustehen. Und in dem wir diesen Erkenntnissen und Ansätzen entsprechend handeln, übernehmen wir Verantwortung.

Einflussmöglichkeiten prüfen

Wenn Sie mit einer Situation unzufrieden sind, sollten Sie genau überlegen, ob und inwiefern Sie Einfluss auf die Situation haben. Ist die Situation innerhalb Ihres Einflussbereichs, oder wie Stephen Covey es nennt, in Ihrem „Circle of Influence"? Dann überlegen Sie sich, wie Sie pro-aktiv die Situation angehen und sie verändern können. Überlegen Sie aber auch, welche Dinge, die Sie beschäftigen, außerhalb ihres Einflussgebiets liegen. Covey nennt jenen Bereich, auf den wir keinen Einfluss haben den „Circle of Concern" (Covey 2018). Hierzu gehören Themen wie das Wetter oder die allgemeine wirtschaftliche Lage. Bei solchen Themen muss jeder für sich selber entscheiden, welche Einstellung und Haltung er dazu haben will. Ärgern Sie sich über schlechtes Wetter oder nehmen sie es hin und ziehen sich vielleicht entsprechend wetterfest an? Es kommt auf die Sichtweise an und deshalb sollten auch Sie vielleicht Ihre Perspektive ändern oder versuchen bestimmten Angelegenheiten etwas Gutes abgewinnen. So könnten Sie z. B. langweilige Autofahrten nutzen um spannende Hörbücher zu hören.

Dennoch gibt es viele Dinge, die außerhalb unserer Einflussmöglichkeiten liegen. Dazu gehören beispielsweise Krankheiten oder Rückschläge, für die wir niemand anderem und auch nicht uns selbst die Schuld geben können. Es ist nicht möglich, sich vor schweren und tragischen Erfahrungen zu schützen, vielmehr müssen wir lernen, damit umzugehen. Und dafür können und müssen wir die Entscheidung selber treffen. Ob ich mich wehrlos und ohnmächtig fühle oder aber eine lösungsorientierte und konstruktive Sichtweise einnehme, liegt bei mir. Für diese Haltung kann ich mich aktiv entscheiden. Wir müssen die Verantwortung übernehmen für die Geschichten, die wir uns erzählen, für die Prioritäten, die wir uns setzen und auch für die Handlungen, die wir durchführen oder unterlassen.

7.2 Erwartungen

Wenn wir Verantwortung übernehmen, haben wir immer auch die Erwartungen an uns selbst und die Erwartungen der anderen im Blick. Diese und die daraus sich entwickelnden Konsequenzen sind ein wesentlicher Bestandteil unserer Motivation. Wir arbeiten, weil wir dafür Anerkennung erwarten in materieller oder immaterieller Form. Wir treffen uns mit Freunden, weil wir uns Verbundenheit wünschen oder wir helfen anderen, weil wir hoffen, in einer anderen Situation dann ebenfalls Unterstützung zu bekommen.

Eine wesentliche Erwartungshaltung bezüglich unserer Handlungen haben Daniel Kahnemann und Amos Tverskys, ein amerikanisch israelisches Forscherteam, definiert als die Verlustaversion (Kahnemann und Tversky 1979). Sie zeigten auf, dass wir Verluste stärker wahrnehmen als Gewinne. Dies widerspricht dem klassischen Bild des Homo Oeconomicus. Demnach müssen Gewinne dann genau so entscheidend für unser Verhalten sein, wie Verluste. Tatsächlich aber verhalten wir uns sehr divers. So hat Colin Camerer, Professor für Wirtschaftswissenschaften am California Institute of Technology, in den 1990er Jahren beispielsweise festgestellt, dass Taxifahrer an erfolgreichen Tagen früher aufhören zu fahren, weil sie ihr Umsatzziel erreicht haben. An Tagen aber, an denen es schlechter lief, fuhren sie deutlich länger, in der Hoffnung noch das Ziel zu erreichen. Doch eigentlich ist dies kein ökonomisch sinnvolles Verhalten, da bei der schlechten Marktlage die gesteckten Ziele nur mit einem sehr viel höheren Aufwand zu erreichen sind. Doch die Aussicht, einen geringeren Umsatz zu erwirtschaften und damit potenzielle Verluste in Kauf zu nehmen, war größer als die rationale Einschätzung der Situation (Blake 2009). So kann auch in Unternehmen immer wieder ökonomisch betrachtet irrationales Verhalten auftreten, wenn gewohnte Situationen bevorzugt oder Neues vermieden wird, beispielsweise wenn man aus langjähriger Gewohnheit einen Arbeitsvorgang immer wieder gleich ausführt, obwohl es inzwischen Neuerungen z. B. durch die Digitalisierung gibt. Neues zu lernen und auszuprobieren erscheint aufwendiger, als weiterhin die Arbeit wie gewohnt zu machen, selbst wenn es kurz- oder langfristig eine Vereinfachung bedeutet.

Ganz anders verhalten wir uns jedoch, wenn ein zu erwartender Verlust nicht uns selber sondern andere betrifft. Hier finden wir den Verlust bei weitem nicht so bedrohlich und treffen erstaunlicherweise auch viel risikofreudigere Entscheidungen (Laux 2013).

Was passiert also, wenn wir versuchen, den Erwartungen anderer gerecht zu werden und dabei persönliche Präferenzen übergangen werden? Es entsteht Stress. Und wir fangen an, uns zu ärgern, weil wir merken, dass es nicht möglich ist, den Erwartungen anderer immer gerecht zu werden. Tatsächlich haben wir alle Erwartungen an unser Umfeld und das Umfeld auch an uns und das ist auch richtig so. Keine Erwartungen zu haben, ist meines Erachtens ein sehr ambitioniertes Ziel, das den wenigsten oder kaum jemandem gelingt. Deshalb ist die Frage viel entscheidender, wie wir mit Erwartungen umgehen und welche Konsequenzen wir daraus ziehen.

Grundsätzlich können wir uns immer frei entscheiden, wie wir uns verhalten. Frei nach dem Motto: „Love it, leave it or change it."

7.3 Entscheidungen treffen

Täglich fällen wir unzählige Entscheidungen, die meisten davon unbewusst und aus der Gewohnheit heraus. Bei den bewussten Entscheidungen, haben die Optionen und Auswahlmöglichkeiten in den letzten Jahrzehnten stark zugenommen. So müssen sich beispielsweise angehende Studenten mittlerweile zwischen 20.029 Studiengängen, die allein in Deutschland angeboten werden, entscheiden. Im Jahr 2005 waren es nur halb so viele. Die Produktvielfalt entwickelt sich ähnlich und das Angebot für Sportprogramme und Freizeitangebote sind ebenso vielfältig. Dadurch werden wir in unserer Entscheidung verunsichert. Laut Barry Schwartz, Professor für Psychologie und soziales Verhalten in Pennsylvania, haben wir heute zu viele Entscheidungsmöglichkeiten (Schwartz 2006). Verbunden mit unserem hohen Individualisierungs- und Perfektionsanspruch wird es immer schwieriger die „beste" Entscheidung zu fällen. Doch wenn wir aktiv sind und Entscheidungen treffen, stärkt dies unser Selbstwertgefühl, selbst wenn wir nicht immer die beste Alternative gewählt haben.

Und dennoch kommt es immer wieder dazu, dass wir lieber keine Entscheidung treffen oder Entscheidungen hinauszögern. Doch hat dieses Verhalten eine Reihe von negativen Konsequenzen und persönlichen Nachteilen. Wir gehen nicht so viele Beziehungen ein, weil wir uns nicht festlegen wollen, wir trauen uns möglicherweise nicht, eine Familie zu gründen, weil wir Angst vor der langfristigen Bindung haben oder wir hoffen, dass ein unpassender Termin abgesagt wird, damit wir nicht entscheiden müssen, ob wir hingehen oder nicht. Wer keine Entscheidungen trifft, verliert mit der Zeit Ansehen und Respekt bei anderen, aber auch vor sich selbst. Und er kommt nicht weiter.

Mit einer Entscheidung ist auch immer die Verantwortung für deren Konsequenzen verbunden und auch das lässt viele zögern. Wir können dafür zur Rechenschaft gezogen werden, dass es durch unsere Entscheidung möglicherweise jemandem schlechter geht, dass etwas misslingt, wir uns blamieren oder bestraft werden. Alle diese Konsequenzen führen dazu, dass wir entweder gar nichts mehr entscheiden oder die Entscheidungen so fällen, dass sie relativ wenige Auswirkungen haben.

Verstärkt durch die Veränderungsdynamik unserer Zeit und die damit verbundene Reduzierung von Sicherheit und Beständigkeit, sind unsere Entscheidungen noch schwerer geworden. Das hat zur Folge, dass die Sorge, eine andere Alternative könnte bessere sein, als das wofür wir uns entschieden haben, wächst. Gewissheit darüber, welche Option wohl die beste ist, gibt es nicht. Wir müssen uns mit dem Gedanken anfreunden, dass es womöglich auch eine bessere Entscheidung hätte geben können. Doch sollten uns diese Gedanken und Zweifel nicht davon abhalten immer wieder neue Schritte zu wagen und damit weiterzugehen.

7.4   Durch Entscheidungen gestalten!

„Viel mehr als unsere Fähigkeiten sind es unsere Entscheidungen, die zeigen, wer wir wirklich sind." Joanne K. Rowling

Hilfreich ist es, sich bewusst zu machen, dass wir in unserem Leben schon viele Entscheidungen gefällt haben, bessere und schlechtere. Wir können davon ausgehen, dass die meisten Entscheidungen nach bestem Wissen und Gewissen gefällt wurden, manchmal aus einem Bauchgefühl heraus, manchmal angesichts des Informationsstandes zu diesem Zeitpunkt. Und auch wenn die eine oder andere Entscheidung dabei war, die sich nachträglich als ungünstig herausgestellt hatte, so gab es zumindest einen Lerneffekt oder wir bekamen ein Entwicklungspotenzial gezeigt. Wenn etwas nicht so läuft, wie wir das gerne hätten, können wir es auch einfach als Trainingseinheit für unsere persönliche Weiterentwicklung sehen, ähnlich wie Buddhisten Menschen, mit denen ihnen der Umgang schwerfällt, sie als Geduldsübung für sich selber sehen.

Auch die Sorge, dass die Entscheidungen, die wir treffen, langfristige Auswirkungen haben, kann uns blockieren. Bei Überlegungen bezüglich der Berufswahl beispielsweise entsteht häufig das Gefühl, dass die Wahl der Ausbildung über das ganze Leben entscheiden wird.

Diese angenommenen Folgen einer Entscheidung blockieren viele von uns und verhindern, sich auf die ersten Schritte einzulassen. Tatsächlich aber ist eine Vorgehensweise nach dem „Trial and Error" Prinzip genau jene, die uns ein großes Entwicklungspotenzial verspricht. So sind heute berufliche Karrieren, die sich nicht nur an dem Sinnbild einer Leiter orientieren, sondern eher auch mal einem Klettergerüst gleichen (in dem Sinne, dass wir auch mal nach links oder rechts ausweichen können) sehr häufig. Menschen, die nicht nur einen geraden, vorgezeichneten Weg gehen, sondern durch Erkenntnisse, Hindernisse oder auch falsche Entscheidungen, ungewöhnliches ausprobiert haben, gewinnen an Erfahrung und Reife. Sie zeigen Mut, entdecken neue Wege und Möglichkeiten.

Wenn wir nicht wissen, was in einer Situation zu tun ist, dann beobachten wir das Verhalten der anderen. Befinden wir uns beispielsweise in einem Land, das einem anderen Kulturkreis angehört, versuchen wir durch Beobachtung unser Verhalten so zu adaptieren, dass wir den lokalen Normen und Regeln gerecht werden. Ähnlich ist das auch in Unternehmen oder neu zusammen gestellten Teams. Wir warten erst mal ab und schauen, wie die anderen agieren. Stellen wir fest, dass niemand eine Entscheidung trifft, tendieren wir dazu, uns diesem Verhalten anzuschließen und folgen dem Vorbild. Welzer hat an seinem Institut in Flensburg Situationen untersucht, in denen jemand Hilfe brauchte. Er stellte fest, dass unter Umständen die Normen einer Gruppe oder einer Gemeinschaft prosoziales Verhalten, also ein Verhalten, das der Gemeinschaft zugutekommt, einschränken kann (Welzer 2017). Deshalb ist es wichtig, diese Mechanismen zu durchbrechen und aktiv zu werden, denn dann können auch andere aktiv werden. Auch das Abilene Paradox von

Jerry Harvey, Professor für Betriebswirtschaftslehre an der George Washington University, beschreibt ein Verhalten, bei dem eine Gruppe sich kollektiv zu einer Handlung entschließt, die eigentlich der persönlichen Einstellung der Einzelnen gar nicht entspricht. Hierbei handelt es sich um ein kommunikatives Problem, denn alle Gruppenmitglieder gehen davon aus, dass ihre eigene Einstellung, denen der anderen widerspricht. Deshalb trauen sich auch die Einzelnen nicht, ihre Einwände gegenüber der Gruppe auszusprechen.

Entscheidungshilfe

Sollten Sie mal wieder in eine Situation kommen, in der Ihnen eine Entscheidung schwer fällt, dann machen Sie sich die folgenden Punkte bewusst:

- Es gibt nicht die einzige richtige Entscheidung.
  Entscheidungen haben immer das Potenzial uns weiter zu bringen, ganz gleich ob sie förderlich waren oder ob sie sich später als weniger hilfreich erwiesen haben. In beiden Fällen können wir für die Zukunft lernen.
- Praktikable Lösungen finden.
  Suchen Sie nach einer praktikablen Lösung, die Ihnen nach dem aktuellen Stand an Informationen möglich ist. Zu hoffen, dass wir irgendwann alle relevanten Informationen für eine Entscheidung haben, ist häufig nicht realistisch. Jede Entscheidung birgt ein gewisses Risiko.
- Wichtige Entscheidungen brauchen Zeit.
  Manche Entscheidungen brauchen Zeit, damit sich unsere Gefühle und unsere Gedanken abstimmen können. Deshalb ist es legitim bei wichtigen Entscheidungen, sich selber eine kurze Bedenkzeit einzuräumen. Also gönnen Sie sich die bewährte Nacht, um darüber zu schlafen.

Wir müssen überlegen, was uns (immer wieder) daran hindert, handlungsfähig zu sein und welche Erwartungen uns bei unseren Entscheidungen beeinflussen. Denn zu erleben, wie wir wirksam unser Umfeld gestalten können und zu erfahren, dass unser Verhalten einen Unterschied macht und unsere Kompetenzen genutzt werden, lässt uns stabiler, selbstsicherer und lebendiger fühlen. Und wer glaubt, er sei nicht wichtig genug, um etwas zu verändern, soll sich daran erinnern, welche Auswirkungen eine kleine Mücke im Schlafzimmer auf uns hat. Ein Lieblingsbeispiel des Dalai Lama.

Damit wir unsere Arbeit gestalten können, müssen wir unsere Überzeugungen auch im Alltag umsetzen. Das beinhaltet Entscheidungen zu treffen, Verantwortung zu übernehmen und Gestaltungsspielräume zu nutzen. Setzen wir dies um, erleben wir einen hohen Grad an Selbstwirksamkeit, Zufriedenheit und werden unabhängiger von Erwartungshaltungen.

Literatur

Bandura A (1997) Self-Efficacy. The exercise of control. Worth Publishers, New York

Blake C (2009) The art of decision making. How to manage in an uncertain world. FT Press, Upper Stiddle River

Covey S (2018) Die 7 Wege zur Effektivität. Prinzipien für persönlichen und beruflichen Erfolg. Gabal Verlag, Offenbach

Hammermann, A (2019) Ich schaffe das. Das Prinzip der Selbstwirksamkeit. In: IW-Kurzbericht 1/2019 vom Institut der Deutschen Wirtschaft. https://www.iwkoeln.de/fileadmin/user_upload/Studien/Kurzberichte/PDF/2018/IW-Kurzbericht_2018-85_Selbstwirksamkeit.pdf. Zugegriffen: 30. Okt. 2019

Kahnemann D, Tversky, A (1979) Prosepect theory: an analysis of decision under risk. Econometrica 47(2):263–291 (New Haven)

Laux, J (2013) Bloss nichts verlieren. Warum uns Verluste stärker ärgern, als uns Gewinne freuen. In: „Zeit" Nr. 46 vom 07. November 2013. https://www.zeit.de/2013/46/verlust-aversion-verhaltensoekonomie. Zugegriffen: 21. Nov. 2019

Schwartz B (2006) Anleitung zur Unzufriedenheit: Warum weniger glücklicher macht. Ullstein Verlag, Berlin

Welzer H (2017) Selbst Denken – Eine Anleitung zum Widerstand. Fischer, Frankfurt

8

Das PACCC Modell

*Die Größe des Menschen hängt nicht davon ab, wie viel Vermögen
er gewinnt, sondern von seiner Integrität und seiner Fähigkeit, die
Menschen in seiner Umgebung positiv zu beeinflussen.*
Bob Marley

Inhaltsverzeichnis

Die bisher genannten Elemente Standhaftigkeit, Verbundenheit, Selbstbewusstsein, Sinnhaftigkeit und
Handlungsfähigkeit unterstützen uns dabei, unsere eigene
Haltung wieder zu erkennen, weiter zu entwickeln und
zu leben. Sie stärken unsere Wahrnehmung für alles was

© Springer-Verlag GmbH Deutschland, ein Teil von Springer
Nature 2020
T. Keller, *SINNvoll arbeiten*,
https://doi.org/10.1007/978-3-662-60596-7_8

uns wichtig ist. Und damit auch für einen klaren Blick auf unsere Arbeit und was sie sinnvoll macht.

Alle genannten Elemente haben einen Bezug zur Gemeinschaft: Bei der Selbstwahrnehmung wird erst durch das Umfeld deutlich, wie wir agieren und welche Themen uns berühren. Bei der Sinnsuche steht die Frage welche Werte wir durch das Umfeld gelernt haben und wie wir sie priorisieren im Mittelpunkt. Die Verbundenheit hat das Thema Auseinandersetzung zum Inhalt und die Kooperation mit dem Umfeld. Bei der Standhaftigkeit stehen die Auseinandersetzung und die Toleranz im Mittelpunkt. Und bei der Handlungsfähigkeit stellt sich die Frage, wie wir unsere Haltung in die Welt tragen. Folglich ist auch unsere innere Haltung und wie wir diese zum Ausdruck bringen in Relation zu unserem Umfeld zu sehen.

8.1 Ohne Gemeinschaft geht gar nichts

Damit eine Gemeinschaft kooperieren und ein sinnvolles und konstruktives Miteinander leisten kann, bedarf es gewisser Regeln und Normen. Die menschlichen Gehirnfähigkeiten befähigen uns dazu mit bis zu 150 Menschen in Kontakt sein zu können (Harari 2015) – in der Form, dass man sich kennt und weiß, wie man miteinander umgeht. Für alle größeren Organisationen hat der Mensch Regeln und Gesetze entwickelt. Das können zum einen konkrete Vereinbarungen wie beispielsweise festgelegte Arbeitszeiten oder eine bestimmte Anzahl von Urlaubstagen sein, aber auch abstrakte Vorstellungen, wie das Verständnis von Kultur oder Loyalität oder der Umgang miteinander. Mit diesen Regeln können wir uns wirkungsvoll Arbeit teilen und unseren Alltag organisieren. Viele dieser Strukturen sind uns angeboren und lassen sich auch bei Menschenaffen beobachten, die beispielsweise eine klare Ordnung haben, welches Tier der Gruppe wann essen darf. Normen geben darüber Auskunft, was eine Gemeinschaft als richtig oder falsch, als erlaubt oder verboten ansieht. Diese wandeln sich normalerweise langsam, außer in besonderen Umbruchsituationen wie beispielsweise in den 1970er Jahren als die 68er- Bewegung in Deutschland viele Normen hinterfragte. Oder bei Unternehmen infolge eines besonderen Ereignisses wie beispielsweise ein Bestechungsskandal oder ein aufgedeckter Betrug.

Deshalb haben sich Unternehmen in den letzten Jahren immer stärker dem Thema Compliance gewidmet. Eigens dafür geschaffene Abteilungen achten darauf, dass alle Mitarbeiter das gleiche Verständnis von vereinbarten Unternehmensregeln haben und wie mit diesen Regeln umgegangen werden soll. Und dennoch passieren immer wieder Skandale. So war bis zum Dieselskandal bei Volkswagen der Konzern ein Vorzeigebeispiel für ein gelungenes Compliance Management, was aber nicht dazu geführt hat, die Missstände im Unternehmen aufzudecken. Das liegt einerseits daran, dass eine Überregulierung dazu führen kann, dass sich keiner mehr wirklich verantwortlich fühlt. Es entsteht das Gefühl, dass es für jeden Vorgang eine Regelung gibt und der Einzelne gar nicht mehr selber nachdenken muss. Andererseits (ver)führen eine hohe Gewinnorientierung und damit einhergehend eine klare Priorisierung der finanziellen Aspekte immer wieder dazu, andere Aspekte zu umgehen.

Deswegen sind Normen und Regeln eine gute aber keine hinreichende Orientierungshilfe für unser Verhalten, da sie in den verschiedenen Situationen unterschiedlich ausgelegt werden können. Denn nicht alles was legal ist, ist auch legitim und nicht alles was legitim ist, ist legal.

So ist die Todesstrafe in den USA legal, aber aus der Sicht von Deutschland nicht legitim. Umgekehrt kann ein Verhalten legitim sein, auch wenn es nicht legal ist. Das Verhalten von Kapitänin Carola Rackete am 29. Juni 2019 war durchaus legitim. Sie entschloss sich für das gesundheitliche Wohlergehen der Flüchtlinge auf ihrem Boot und legte – obwohl es illegal war – deshalb in Italien an. Oder auch die Fridays for Future Bewegung, bei der viele Schüler illegal die Schule schwänzen, um für mehr Umweltschutz zu demonstrieren. Das empfinden viele als legitim, da es um die Zukunft der Schüler geht. Man könnte hier auch von einem klugen Ungehorsam sprechen oder einem reflektierten Widerstand.

8.2 Integrität

Es gibt viele Situationen, in denen es keine richtige oder falsche Lösung gibt, sondern bei denen es um die Abwägung von Überzeugungen und Prioritäten geht. Wir müssen immer wieder neu entscheiden, was wir für ethisch richtig halten und was für uns „integer sein" bedeutet. Wir müssen uns Fragen stellen, wie „Was zählt noch als Kavaliersdelikt?" und „Wo sind die Grenzen von Loyalität?", „Welche Normen und Regeln sind für uns sinnvoll und welche müssen überdacht werden?".

Durch diese Subjektivität des Verständnisses von Integrität, ist eine allgemeine Begriffsklärung erforderlich. Am besten lässt sich eine integre Person beschreiben, als jemand, die sich im öffentlichen Leben genau so verhält, wie sie es auch im Privaten tut. Das würde zum Beispiel bedeuten, dass wir Äußerungen im Internet nur dann machen dürfen, wenn wir auch bereit sind, diese der Person direkt zu sagen. Oder dass wir die Wahrheit sagen, auch wenn es uns in einer spezifischen Situation sehr schwer fällt. Und dass wir handeln, auch wenn es möglicherweise nicht nur zu unserem Vorteil ist.

Integrität ist unser eigener innerer Kompass. Wir brauchen sie, um unsere eigenen Vorstellungen mit dem abzugleichen, was unser Umfeld als angemessen erachtet. Es stellt sich folglich die Frage, inwiefern persönliche Integrität mit den allgemein bestehenden Normen in Einklang gebracht werden kann.

Um die Bedeutung des Wortes Integrität besser fassen zu können, wurden Assoziationen zu dem Begriff vom Flourishing Institut zusammengetragen.

Assoziationen zum Begriff Integrität

Die am häufigsten genannten Begriffe, die mit Integrität assoziiert werden:

Mut
Moralischer Kompass
Glaubwürdigkeit
Verantwortung
Worte, Taten und Handeln sind im Einklang
Aufrichtigkeit,
Standhaftigkeit
Balance zwischen eigenen Bedürfnissen und den Bedürfnissen anderer
Selbstreflexion
Ausdauer
Verlässlichkeit
Vorbildfunktion
Konsequenz
Unabhängigkeit

Es wird deutlich, dass Integrität als sehr wertvoll angesehen ist und viele Werte, Erwartungen und Anforderungen damit verbunden sind. Die Liste macht auch noch mal deutlich, dass es bei Integrität um weit mehr geht, als nur um das Einhalten von Regeln und Normen.

Vielmehr steht bei Integrität eine Kombination von

- Haltung zeigen
- Regeln kennen
- Berücksichtigung der verschiedenen Bedürfnisse aller Beteiligten

im Vordergrund.

Das Wort Integrität kommt von dem lateinischen Wort „integritas", was so viel bedeutet wie unversehrt oder vollständig. Wenn wir uns integer verhalten, bleiben wir uns selber treu und dem was uns wichtig ist. Wir verhalten uns so, dass das, was wir sagen und das, was wir tun mit dem, was wir denken kongruent ist.

> Integrität bedeutet eigene Werte und Überzeugungen zu haben, danach zu handeln und zugleich eine Verantwortung gegenüber der Gemeinschaft und dem kontextuellen Umfeld zu übernehmen (Keller 2019).

Unser Verständnis von dem, was wir unter Integrität verstehen, hat viel mit unserer Sozialisation, unseren Erfahrungen und unseren Erkenntnissen zu tun. Wir stellen Bezüge her, die zu unseren inneren Haltung passen. Doch erst durch den Abgleich mit den Normen und Regeln der Gemeinschaft und mit dem Vorsatz, dass unser Handeln nicht nur dem eigenen Wohle, sondern dem Wohle der Gemeinschaft dient, wird unsere innere Haltung zu einer integren Haltung. Dadurch werden unsere Handlungen und unser Tun sinnvoll.

Führen wir die fünf Elemente der Haltung, die da sind Selbst-bewusst-sein (Confidence), Sinnhaftigkeit

(Purpose), Verbundenheit (Connectivity), Standhaftigkeit (Constancy) und Handlungsfähigkeit (Actionability) mit dem gesellschaftlichen Kontext, in dem wir agieren, zusammen, ergibt sich daraus das PACCC-Modell (Abb. 8.1):

Die fünf Elemente (PACCC) der Haltung sind, wie bereits in Kapitel zwei dargestellt, in den fünf Kreisen wieder zu finden. Dabei stehen Selbst-Bewusst-Sein und Sinnhaftigkeit auf einer individuellen, persönlichen Ebene, die durch Selbstwahrnehmung, Selbstakzeptanz und Selbstführung geprägt und um die Werte und Prioritäten, die für uns als Individuum relevant sind, ergänzt werden.

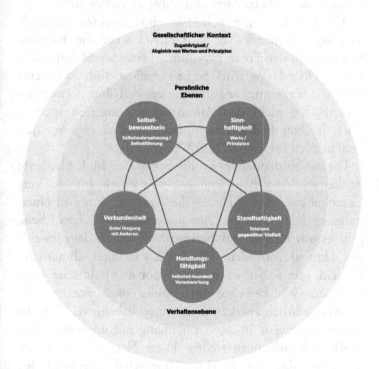

Abb. 8.1   PACCC-Modell

Um sich auf dieser Ebene zu entwickeln, ist eine individuelle Reflexion und Auseinandersetzung notwendig.

Anders ist das auf der Verhaltensebene. Die Art und Weise, wie ich mit meinen Mitmenschen umgehe, wie ich Vertrauen aufbaue und gute Verbindungen herstelle, wie ich kommuniziere oder auch kritische Aussagen mache, all das kann uns dabei unterstützen, unsere Haltung zu zeigen und nach außen zu tragen. Wobei die Handlungsfähigkeit das entscheidende Element bei der Umsetzung ist. Die Verhaltensebene beschreibt also stärker die Auseinandersetzung und den Umgang mit unserer Umwelt. Für all diese Elemente brauchen wir die Fähigkeit, immer wieder Verhaltensweisen und Ereignisse aus einer übergeordneten Perspektive (Metaebene) zu betrachten und kritisch zu reflektieren.

All diese Elemente stehen in einer direkten Wechselwirkung miteinander. Es hilft nichts, wenn ein Element besonders in den Fokus genommen, ein anderes dafür aber außer Acht gelassen wird. So ist es nicht zielführend, wenn wir viele Erkenntnisse über unser Verhalten gewonnen haben, aber nicht den Austausch mit anderen suchen. Auch ist Standhaftigkeit unmittelbar abhängig von den bestehenden Prioritäten und Werten.

Die verbindendende Komponente der fünf Elemente ist die gesellschaftliche Ebene. Sie ist für ein integres Verhalten notwendig und stellt die eigene Haltung in einen umfassenderen Kontext. Auf der gesellschaftlichen Ebene geht es um Regeln und Normen, die wir in dem jeweiligen Umfeld vorfinden. Das kann das unternehmerische Umfeld sein, aber auch das regionale, politische oder familiäre. Wir bewegen uns immer in Kontexten, die gemeinschaftlich anerkannte Normen haben, welche nicht notwendigerweise in Zusammenhang mit unseren individuellen Vorstellungen stehen. Diese Normen und Werte definieren das, was in einer Gesellschaft anerkannt ist. Wir lernen sie durch individuelle Erfahrungen im Laufe

unserer persönlichen Entwicklung kennen und verinner-
lichen sie nach und nach.

Es wird zwischen verschiedenen Arten von Normen
unterschieden: Die einfachste Unterscheidung ist die zwischen einer Soll-Norm und einer Darf-Norm. In ame-
rikanischen Unternehmen gibt es beispielsweise eine
Soll-Norm, die besagt, dass es keine Liebesbeziehungen im
Unternehmen geben darf. Das führte für den Vorstands-
chef von Mc Donald, Steve Easterbrook, zum Rücktritt,
da er diese Unternehmensrichtlinie missachtet hatte. So
besteht der Unterschied zwischen diesen beiden Normen
darin, dass das Mißachten einer Soll-Norm zu Sanktionen
führt, während das Mißachten einer Darf-Norm, wie beispielsweise das Anbieten eines Sitzplatzes für eine ältere
Person, keine Sanktionen mit sich bringt.

Grundlage für die Normen von Gesellschaften bauen
letztendlich auf der Aussage auf, die sinngemäß bedeutet:
„Was Du nicht willst was man Dir tut, das füg auch keinem
anderen zu!". Entsprechende Anmerkungen hierzu findet
man in fast allen Religionen, bei den antiken Philosophen,
aber auch in Kants Kategorischen Imperativ, welcher der
Kern unseres moralischen Verständnisses ist: „Handle
nur nach derjenigen Maxime, von der du zugleich wollen
kannst, dass sie ein allgemeines Gesetz werde." (Immanuel
Kant). Moral versteht sich dabei als die Gesamtheit von
Normen, Werten und Gewohnheiten einer Gemeinschaft

Auf globaler Ebene gibt es ebenfalls Werte, die als universell anerkannt sind, wie beispielsweise die Menschen-
rechte. Im Zuge der Globalisierung wird es zunehmend
wichtiger, auch die Normen in unterschiedlichen Kulturen
und ihre Ausprägungen im Alltag zu berücksichtigen. So
gilt es in individualistischen Kulturen als absolut legitim,
seine Leistung besonders hervor zu heben, während das
gleiche Verhalten in kollektiven Kulturen als sehr unhöf-
lich und konfrontativ gesehen wird.

Die Herausforderung ist nun, all diese Aspekte unter einen Hut zu bringen. Also zu wissen, was wir selber wollen und wer wir sind und wofür wir stehen, das dann wertschätzend und konstruktiv zu kommunizieren und sich schließlich auch zu behaupten, wenn Gegenwind kommt. Und dazu noch aktiv werden und die gesellschaftlichen Normen und Regeln zu kennen und sich bewusst damit auseinander zu setzen. Dabei ist es nicht hilfreich einen dieser Eckpfeiler des PACCC-Modells besonders intensiv zu verfolgen, denn erst durch die Balance und die Ausgeglichenheit zwischen den Elementen, kommt die Integrität einer Person zum Tragen.

Je mehr es uns aber gelingt, die unterschiedlichen Erwartungen und Anforderungen zu vereinen, desto souveräner und selbstbewusster, klarer und flexibler sind wir. Das ständige Abgleichen und Einschätzen, welche Aspekte in einer Situation im Vordergrund stehen, erfordert viel Aufmerksamkeit und kann immer wieder ziemlich herausfordernd sein.

Die gute Nachricht ist jedoch, dass wir alle im Großen und Ganzen bereits integer sind, denn wir alle bemühen uns, nach bestem Wissen und Gewissen, integer zu sein. Und deshalb sagen zu Recht immer wieder Teilnehmer von Workshops, dass sie bereits integer sind. Integrität wird nach Umfragen des Flourishing Instituts von 95 % der Befragten als eine positive Eigenschaft angesehen.

8.3   Integrität stärken

„Hör nie auf anzufangen und fang nie an aufzuhören."
Cicero

Um es gleich vorweg zu nehmen, niemand ist zu 100 % integer und das ist auch gar nicht das Ziel. Ein solches

Ziel ist weder erreichbar noch erstrebenswert. Es geht auch nicht um einen überhöhten Moralanspruch. Bei jedem unserer Schritte darauf zu achten, ob sie in jeder Hinsicht integer und konsequent sind, würde uns komplett überfordern und das Leben sehr anstrengend machen.

Sehr wohl ist es aber möglich, sich immer wieder zu hinterfragen und zu überprüfen:

- Wo haben wir Potenziale, die noch verbessert werden könnten?
- Wie viele Entscheidungen haben wir heute getroffen, die unsere Integrität stärken?
- Welche Werte/Prioritäten werden durch unser Handeln gelebt?
- Verhalten wir uns auch im privaten Leben so, dass wir dieses auch öffentlich machen könnten?

Ähnlich der physiologischen Homöostase, also der Fähigkeit unseres Körpers immer wieder ein inneres Gleichgewicht herzustellen, versuchen wir durch unser Verhalten immer wieder ein integres Gleichgewicht zwischen den verschiedenen Anforderungen unseres Umfeldes, den Normen des Kontextes in dem wir uns bewegen und den Bedürfnissen und Idealen jedes Einzelnen herzustellen. Wir versuchen, uns innerhalb der vorgegebenen Werte zu orientieren, unsere eigene Rolle zu finden und unsere eigenen ethischen Ansprüche zu leben.

Doch obwohl sich jeder von uns darum bemüht, so zu leben, fällt es uns immer wieder schwer, angemessen und unserem inneren Kompass folgend, zu handeln. Dafür gibt es die unterschiedlichsten Gründe. Obwohl es möglicherweise zu Konsequenzen kommen kann, wenn wir uns ethisch nicht richtig verhalten – wie beispielsweise ein Imageschaden, verringerte Leistungsfähigkeit, psychosomatische Erkrankungen etc. – scheint das Verhalten jenseits unserer Integrität verlockender als das „richtige" Handeln. Der Wunsch auf diese Weise doch noch unsere Ziele zu erreichen, einen finanziellen Vorteil zu haben oder auch einfach nur einen besseren Eindruck zu machen, ist größer als das Bedürfnis seinen Werten und Prioritäten zu folgen. Die kurzfristige Lösung erscheint vielversprechend, führt aber in der Regel zu langfristigen Schwierigkeiten (Hüther 2018). Manchmal aber sind es auch Zielkonflikte oder sogenannte Dilemmata, die uns in Bedrängnis bringen. Dadurch kommen wir immer wieder in sogenannte Dilemmata oder Zielkonflikte. Das sind Situationen, in denen es kein richtig oder falsch gibt, sondern in denen unterschiedliche Werte oder Ziele miteinander konkurrieren. Das können private Ziele versus berufliche Ziele sein, wenn beispielsweise eine spannende Position an einem anderen Standort frei wird, die Familie aber nicht umziehen möchte. Es können aber auch Themen wie finanzielle Effizienz gegen qualitativ notwendiger Mehraufwand sein.

Im unternehmerischen Kontext sind diese Konflikte sehr häufig. Es ist schwierig, so zu arbeiten, dass die Bedürfnisse aller Interessensgruppen erfüllt werden. Gerade das Ziel der kurzfristigen Gewinne steht häufig im Gegensatz zu einer langfristigen Geschäftsausrichtung und einer Einhaltung von ethischen Ansprüchen. Zu hoch sind die Forderungen der Aktien- und Kapitalmärkte nach hohen Dividenden und guten Ergebnissen. Doch im Zeitalter von Digitalisierung und der damit einhergehenden Transparenz spüren Unternehmen immer stärker die Konsequenzen unethischen Verhaltens. Der Verbraucher wird sensibler, die Informationen transparenter und die Gesetzeslage komplexer. Neben den juristischen Konsequenzen, können auch sinkende Effizienz, mangelndes Vertrauen bis hin zur Insolvenz durch solche Verhaltensweisen ausgelöst werden.

Da ist es wichtig, dass die gelebten und die propagierten Werte in einem Unternehmen übereinstimmen, ganz ähnlich wie es auch für das Individuum gilt. Die gelebten Werte drücken sich auf vielfältige Weise aus, so zum Beispiel in der Art und Weise des Feedbacks, welche Meeting-Kultur etabliert ist und wie hierarchieübergreifende Kommunikation stattfindet. Aber auch der Prozess der Urlaubsplanung, die Akzeptanz von Home-Office und die Art und Weise wie Erfolge gefeiert werden zählen dazu. Ja sogar der Kleidungsstil kann ausdrücken, wie sich ein Unternehmen positioniert. So treten immer mehr Vorstandsvorsitzende großer Konzerne ohne Krawatte und mit hochgekrempelten Hemdsärmeln auf, um eine jugendlicheres und dynamischeres Image des Unternehmens zu symbolisieren.

Wie stark eine spezifische Situation und die Art der Führung Einfluss auf unser Verhalten haben kann, wurde bereit 1961 durch das Milgram Experiment gezeigt, das erstmals in New Haven durchgeführt wurde. Dabei sollten die Versuchsteilnehmer einem vermeintlichen anderen Versuchsteilnehmer bei falscher Lösung einer Aufgabe Stromschläge versetzen. Und obwohl die Probanden angaben, dass sie ohne diese Laborsituation niemals so gehandelt hätten, war doch erschreckend, wie viele Versuchsteilnehmer auf Anweisung bereit waren, gegen ihre eigene moralische Überzeugung jemand anderem starke Schmerzen zuzufügen (Schmid 2011). Dieses Experiment galt damals als Beleg für den grundsätzlich schlechten Charakter des Menschen. Und die in Kapitel vier dargestellten Forschungsergebnisse von Bateson, mit dem Milchautomaten in der Cafeteria oder die Experimente von Milinski und Marotzke bezüglich des Spendenverhaltens, zeigen eine ähnliche Tendenz auf, da kooperatives, moralisches Verhalten erst unter Beobachtung stärker gezeigt wurde. Dagegen gibt es aber auch viele Beispiele, in denen Menschen für völlig

Unbekannte ihr Leben aufs Spiel gesetzt haben, um sie aus einer gefährlichen Situation zu retten.

Unternehmen haben folglich auch die wichtige Aufgabe, das Thema Integrität im Blick zu haben. Immer mehr Unternehmen suchen inzwischen nach Wegen und Möglichkeiten, die Themen Werte, Sinn und Integrität in ihre Tätigkeitsbereiche zu integrieren. Zu den Compliance Abteilungen werden noch Integritätsbeauftrage benannt, damit die Mitarbeiter auch die Möglichkeit bekommen, über das Compliance hinaus einen Ansprechpartner zu haben, um sich mit den Themen der Integrität zu befassen.

B-Corp Zertifizierung

Für Unternehmen gibt es mittlerweile eine Reihe von Vorgehensweisen, die beschreiben, wie Unternehmen sich stärker für die Gemeinschaft, die Umwelt aber auch für ethische Aspekte engagieren können. Diese werden unter dem Begriff „Corporate Social Responsibility" (CSR) geführt. Aktivitäten aus diesem Bereich fördern unter anderem eine ethische Auseinandersetzung mit aktuellen Themen und unterstützen dadurch die integre Haltung des Unternehmens. Eine solche Vorgehensweise ist beispielsweise die „B-Corp Zertifizierung". Diese wurde 2006 als Non-profit Organisation gegründet und hat einen Standard festgelegt, an dem sich die Unternehmen jenseits ihrer Produkt- und Serviceleistungen auch nach sozialen und umweltorientierten Kriterien zertifizieren lassen können. B-Corp hat sich damals aus der Erkenntnis heraus gegründet, dass nicht nur Regierungen dafür zuständig sein können, sich an dem gesellschaftlichen Prozess zu beteiligen, sondern dies auch Unternehmen tun müssen. Ziel ist es, die Ungleichheiten zu reduzieren, die Armut zu verringern, die Umwelt zu schützen, die Gemeinschaft zu stärken und bessere Arbeitsplätze zu ermöglichen, die mehr Sinn und Würde bieten. Mittlerweile gibt es die Organisation in 60 Ländern und nach eigenen Angaben haben sich fast 2800 Unternehmen zertifizieren lassen (https://bcorporation.eu).

Doch neben allen unternehmerischen Aktivitäten ist es notwendig, dass jeder Einzelne von uns, ganz unabhängig von allen Regulierungen, wieder stärker das eigene Gefühl für die richtigen und die uns wichtigen Dinge wahrnimmt. Gerade bezüglich der Frage nach der Integrität haben wir eine gute Intuition. Wenn wir etwas erleben, das nicht wirklich zu unserer Haltung passt, reagiert unser Körper mit Herzklopfen, Magengrummeln, Erröten oder wir bekommen wackelige Knie. Es ist keine bewusste Reaktion, sondern eher ein Gefühl, das uns bewusstmacht, jetzt müssten wir eigentlich handeln. Nicht unbedingt im Sinne von konkreten Handlungen, sondern eher so wie im Kapitel über Standhaftigkeit beschrieben, zu hinterfragen ob es eine Situation ist, in der es besser wäre, erst mal die Wahrnehmung zu überprüfen oder weitere gute Argumente zu sammeln. Deshalb ist auch die Selbstwahrnehmung bei der Frage nach der inneren Haltung und dem integren Verhalten so wichtig. Integrität ist wie ein innerer Kompass, der uns hilft, sich in den dynamischen und unruhigen Zeiten zu orientieren und stabilisieren.

Integritätstagebuch

Beginnen Sie mit einem Integritätstagebuch. Besorgen Sie sich ein kleines Heft, dass Sie auf ihren Nachtisch legen und vor dem Einschlafen (oder wenn Sie ein Morgenmensch sind wie ich vor dem Aufstehen) den Tag reflektieren und überlegen und aufschreiben in welchen Situationen Sie integer waren. Führen Sie dieses Tagebuch über einen Zeitraum von vier Wochen und Sie werden merken, dass Integrität schon bald in Ihrem Alltag und in Ihrer Selbstwahrnehmung einen festen Platz bekommt.

Es wird häufig vermutet, das moralisch richtiges Verhalten in engem Zusammenhang mit Harmonie steht. Aber ich denke es ist deutlich geworden, dass eine klare Haltung zu zeigen und sich seinen Werten treu zu bleiben, nicht unbedingt eine harmonische Angelegenheit ist. Auch die Geschichte hat dies immer wieder bewiesen, wie zum Beispiel bei der Apartheidbewegung oder anderen Gleichberechtigungsentwicklungen. Es ist aber auch eindeutig zu erkennen, wie wichtig und elementar für ein erfülltes und sinnvolles Leben eine integere Haltung ist. Dabei sollte uns bewusst sein, dass Integrität ein sehr individuelles Thema ist, mit der Konzequenz, dass niemand in der Lage ist, uns unsere Integrität zu nehmen (Zweifel und Raskin 2012). Wir können sie nur selber weggeben. Und ob wir das wollen oder nicht, muss jeder für sich entscheiden.

Sinnvolles Arbeiten und dadurch ein sinnerfülltes Leben zu gestalten, ist stark beeinflusst von unserer eigenen Integrität. Wir können Integrität wie einen Kompass nutzen, der uns durch unser Leben leitet. Dieser kontinuierliche Prozess des Abwägens und intuitiven Überprüfens verhilft uns, unseren Werten, Ideen und Prioritäten treu zu bleiben.

Literatur

Harari YN (2015) Eine kurze Geschichte der Menschheit. Pantheon Verlag, München

Hüther G (2018) Würde: Was uns stark macht – als Einzelne und als Gesellschaft. Knaus, München

Keller T (2019) Integrität als Führungskompetenz. Bedeutung und neue Impulse für integeres Verhalten. Springer, Heidelberg

Schmid HB (2011) Moralische Integrität. Kritik eines Konstrukts. Shurkamp, Berlin

Zweifel T, Raskin L (2012) Der Rabbi und der CEO: Was Führungskräfte von den 10 Geboten lernen können. Linde Verlag, Wien

9

Der Sinn von Integrität

Sieht der Mensch der Wahrheit furchtlos ins Auge, dann erfasst er,
dass sein Leben nur den Sinn hat, den er selbst ihm gibt, indem er
seine Kräfte entfaltet
Erich Fromm

Inhaltsverzeichnis

Nach dem deutlich wurde, welche enorme Bedeutung der gesellschaftliche Kontext hat, sollten wir uns bewusst machen, dass unsere Umgebung kein festgeschriebener Zustand ist, dem wir hilflos ausgesetzt sind. Er ist nicht abstrakt, sondern unsere innere Haltung trägt dazu bei,

© Springer-Verlag GmbH Deutschland, ein Teil von Springer
Nature 2020
T. Keller, *SINNvoll arbeiten*,
https://doi.org/10.1007/978-3-662-60596-7_9

wie wir uns selber und damit auch unser eigenes Umfeld weiterentwickeln. Wir haben die Kraft und die Möglichkeit, es mitzugestalten. Um dies tatsächlich auch erfolgreich in die Tat umzusetzen, müssen wir drei wesentliche Aspekte berücksichtigen und umsetzen:

- Das Größere im Blick haben
- Vielfalt integrieren
- Und schließlich durch Integrität gestalten

9.1 Das Größere im Blick haben

Menschen die religiös sind, haben eine höhere Resilienz, sie sind zumeist widerstandsfähiger und gesünder und können besser mit schwierigen Situationen umgehen. Dabei ist es gleich, ob wir an Gott glauben, an ein Leben nach dem Tod oder an eine gute Zukunft. Entscheidend ist, dass wir ein Bild vor uns haben, einen Lebensplan oder einen Traum, eine Idee von dem, was wir gerne erreichen wollen, wie unser Leben aussehen soll, aber auch in was für einer Gesellschaft wir gerne leben möchten. Jeder von uns wünscht sich, die Welt durch sein Handeln ein klein wenig besser zu machen. Dazu ist es aber notwendig, sich zu überlegen, was wir unter besser verstehen. Wir brauchen ein Zukunftsbild, das uns motiviert, das uns erstrebenswert erscheint, das uns trägt, auch durch schwierige Zeiten. Es stärkt unsere Standhaftigkeit, unsere Kraft und Zuversicht und die brauchen wir immer wieder (Grünewald 2019).

Wie solche Zukunftsbilder aussehen können ist ganz unterschiedlich. Das können Modelle sein, die uns eine neue Perspektive auf die aktuellen Ereignisse geben, wie es beispielsweise im Kondratjeff-Zyklus erstellt wurde. Das Modell wurde von dem russischen Wirtschaftswissenschaftler Nikolai Kondratjeff entwickelt und beschreibt

Entwicklungszyklen der Wirtschaft, in Abhängigkeit zu bestimmten Basisinnovationen. So ist beispielsweise der 2. Kondratjeff Zyklus, der von 1840 bis 1890 datiert wird, dem Stahl und der Eisenbahn zugeschrieben, oder der 5. Zyklus, der ungefähr von 1990 bis 2005 angesetzt wird, der Informationstechnik. In diesem Modell wird für den aktuellen Zyklus, der sich gerade entwickelt, Gesundheit als entscheidender Baustein für eine wachsende Wirtschaft gesehen. Aus Kondratjeffs Sicht sind die zwei wesentlichen Säulen dieses Zyklus, die Biotechnologie und die psychosoziale Gesundheit (Nefiodow 2020). Auch wenn es in diesem Modell im Schwerpunkt um wirtschaftliche Faktoren geht, so zeigt es doch, dass die Gesellschaft sich insgesamt dahin entwickelt, den Menschen mehr in den Mittelpunkt zu stellen. Dazu gehören Fragen der Salutogenese, einer Ausrichtung auf jene Aspekte, die zur Gesundheit des Menschen beitragen. Zur Gesundheit gehört ebenfalls – und das wurde an vielen Stellen dieses Buches deutlich – dass er einer sinnvollen Tätigkeit nachgeht und gut in ein soziales Netzwerk eingebunden ist.

Ein weiteres Modell für die Entwicklung eines Zukunftsbildes ist das der Spiral Dynamics, das auf Forschungsarbeiten von Clare Graves, einem Psychologieprofessor am Union College in Schenectady, New York aufbaut. Es beschreibt verschiedene Ebenen der Entwicklung, sowohl des Individuums als auch der Gesellschaft (Beck und Cowan 2017). Danach befindet sich der Großteil unserer Gesellschaft auf einer Ebene zwischen den Stufen Autorität und freie Marktwirtschaft. In diesem Modell führt die nächste Entwicklungsstufe zu einem gemeinschaftlichen Gedanken, bei dem es um Netzwerke, Pluralismus und Konsens geht. Auch dieses Bild könnte uns helfen, ein positives Zukunftsbild zu entwickeln: In dem Sinne, dass die Unruhen und Unsicherheiten der aktuellen Zeit durch den Wechsel auf die nächste Entwicklungsebene verursacht werden.

Diese Modelle sollen nur beispielhaft zeigen, dass es verschiedenen Möglichkeiten gibt, ein Zukunftsbild zu entwickeln. Der Blick aus der Metaebene ermöglicht es, neben der individuellen auch eine gesamtheitliche Ebene zu sehen.

Zukunftsbild entwickeln

Stellen Sie sich vor, Ihnen gelingt alles was Sie sich vorgenommen haben. Jetzt dürfen Sie träumen! Die Dinge, die Sie gerne tun würden, haben Sie getan, was würde sich in Ihrem Leben verändern? Wie sähe Ihre Zukunft aus? Wie würde die Gesellschaft aussehen, wie würden Sie dann leben? Wie würden die Menschen miteinander umgehen? Welche Themen hätten Priorität? In welcher Atmosphäre würden wir leben?

Notieren Sie sich alle Gedanken. Schreiben Sie einfach auf, was Ihnen durch den Kopf geht.

Manchmal hilft es auch, sich bewusst zu machen, in welchen Momenten des Lebens Sie sich besonders erfüllt und zufrieden gefühlt haben, um dadurch Hinweise zu bekommen, in welchem Kontext und durch welche Aktivitäten Sie sich vollkommen in Ihrer Kraft fühlen. Schreiben Sie dies wiederum auf.

Bewerten Sie nicht, was Sie aufschreiben, sondern halten Sie es einfach nur fest. Und wenn Sie alles aufgeschrieben haben, legen Sie es zur Seite. Schauen Sie am nächsten Tag noch mal darüber und versuchen Sie die wichtigsten Punkte heraus zu finden: Woran hängt Ihr Herz wirklich, und bei welchen Punkten spüren Sie Begeisterung, Kraft und Motivation? Entscheidend ist, dass dieses Zukunftsbild für Sie mit Gefühlen und Emotionen aufgeladen ist. Fassen Sie diese Punkte zusammen und schreiben Sie auch diese auf. Lesen Sie dieses Papier dann regelmäßig durch – zumindest einmal im Monat – um es sich immer wieder zu vergegenwärtigen.

So ein Zukunftsbild hilft uns mit den alltäglichen Widrigkeiten immer wieder umzugehen und sich nicht von seiner Vision ablenken zu lassen. Es unterstützt unsere Standhaftigkeit und stärkt uns, wenn die Frage „Warum?" wieder auftaucht. Es funktioniert wie eine Art Navigationssystem, das uns Orientierung gibt und dabei unterstützt, wenn wir vielleicht die Route neu berechnen müssen, ohne dabei das Ziel aus den Augen zu verlieren.

9.2 Vielfalt integrieren

Durch die Akzeptanz von Diversität und Pluralismus entstehen zahlreiche Vorteile. Angefangen bei einer besseren Kreativität und höheren Innovationsfähigkeit, bis hin zu einem breiteren Spektrum an neuen Fähigkeiten und Perspektiven. Viele Unternehmen haben sich dieses Themas angenommen, wie beispielsweise durch die Unterzeichnung der „Charta der Vielfalt". Sie wurde 2004 von vier Unternehmen ins Leben gerufen und hat Anerkennung, Wertschätzung und Einbeziehung der Vielfalt in der Arbeitswelt zum Ziel. Mittlerweile haben 3.400 Unternehmen die Charta unterzeichnet (www.charta-der-vielfalt.de).

Diese Unternehmen fördern eine Haltung, die nicht nur Vielfalt zulässt, sondern sie als Stärkung der Gemeinschaft versteht. Denn erst durch die Vielfalt sind wir in der Lage, unser ganzes Potenzial zu nutzen, unsere Perspektiven zu entwickeln, Neues zu lernen und unsere Handlungsoptionen zu erweitern. Um dieser Vielfalt begegnen zu können, müssen wir uns sowohl auf der persönlichen Ebene des Integritätsmodells, als auch auf der Verhaltensebene damit auseinandersetzen.

Gerade beim Element der Selbstreflexion wurde erklärt, wie wichtig es ist, sich seiner Selbst bewusst zu sein, seine automatischen Reaktionen zu kennen und sich mit seinen verschiedenen Persönlichkeitsanteilen auseinander zu setzen. Nun müssen wir unsere unterschiedlichen Bedürfnisse, Werte und Rollen fusionieren, um mit uns selbst in Einklang zu kommen. Dafür reicht es nicht aus, einen Wert zu verfolgen und die anderen zu ignorieren. Wenn wir zum Beispiel Fürsorge für andere übernehmen, dabei aber uns selber vernachlässigen, dann ist diese einseitige Ausrichtung nicht förderlich. Deshalb brauchen wir eine klare Sicht auf uns selber. Und das Integrieren der unterschiedlichen Anteile bringt wiederum Stabilität und Sicherheit, die wir nur in uns selber finden können.

> **Wahrnehmung von Wertekonflikten**
>
> Erinnern Sie sich an Ihre wichtigsten Werte, die Sie in Kapitel vier identifiziert haben? Reflektieren Sie nun, wann diese Werte mal im Konflikt zueinander standen und überlegen Sie sich, ob Ihnen die Fusion der verschiedenen Werte gelungen oder womöglich etwas auf der Strecke geblieben ist. Wie hätten Sie das anders lösen können? Was hat Ihnen geholfen, die beste Lösung zu finden? Wie können Sie diese Erfahrung für Ihre Zukunft nutzen?

Im nächsten Schritt geht es um die Integration der Vielfalt in die Gemeinschaft.

Wir brauchen den gegenseitigen Austausch, um der Komplexität und Dynamik unserer heutigen Zeit gerecht zu werden. Dazu gehört auch, dass wir nicht mehr nur in „entweder – oder" Kategorien denken, sondern versuchen ein „und" gelten zu lassen. Wir müssen mehr voneinander verstehen, was nicht gleichzusetzen ist mit Verständnis oder sogar Einverständnis (Hartekemeyer und Johannes 2016, S. 53). Viel mehr geht es darum, zu begreifen, wo der andere gerade steht, welches seine Sorgen und Ängste sind, und zu überlegen, wie Herausforderungen gemeinschaftlich gelöst werden können.

Dabei steht uns immer wieder die Idee im Weg, dass es nur eine begrenzte Menge von Ressourcen gibt, gemäß des Fixed-Pie-Ansatzes. Detlef Fetchenhauer, Professor der Psychologie an der Universität Köln, beschreibt mit dem Fixed-Pie Ansatz die Annahme, dass bestimmte materielle oder immaterielle Güter (wie Anerkennung oder Zuneigung) nur in einer begrenzten Menge zur Verfügung stehen und dies zu Verteilungskämpfen führt (Fetchenhauer et al. 2010). So gab es zu der Zeit, als immer mehr Frauen einen Beruf wählten und in die Arbeitswelt gingen, große Besorgnis, dass dadurch weniger Arbeit für männliche Arbeitnehmer da sei, genauso wie sich jetzt viele sorgen, dass uns die Flüchtlinge die Arbeit wegnehmen. Tatsächlich hat sich jedoch in den letzten 70 Jahren gezeigt, dass der höhere Anteil an Frauen in der Arbeitswelt nicht wirklich zu einer erhöhten Arbeitslosigkeit geführt hat. Die Annahme des Fixed-Pie, führt dazu, dass in Kategorien von Verlierern und Gewinnern gedacht wird. Doch der Gedanke von Konkurrenz und begrenzten (Arbeits-)Möglichkeiten ist nicht immer und überall wahr.

Gerade beim Thema Anerkennung und Zuneigung, sollten wir der Weisheit Buddhas vertrauen: „Tausende von Kerzen kann man am Licht einer Kerze anzünden ohne daß ihr Licht schwächer wird. Freude nimmt nicht ab, wenn sie geteilt wird."

Auch in wirtschaftlichen Kontexten gibt es immer wieder Lösungen und Möglichkeiten, von der beide Seiten profitieren (wie das Beispiel der Orange in Kapitel sechs gezeigt hat). Deshalb brauchen wir neben der Konkurrenz, die uns fordert, aber auch anspornt, uns weiter zu entwickeln, auch die Kooperation. „Kooperation und Konkurrenz sind Zwillinge der Evolution." (Damasio 2017). In unserer Zeit scheint Konkurrenz häufig die Oberhand zu gewinnen. Doch beides ist notwendig, wenn wir in eine sinnvolle Zukunft schauen wollen. Nur Konkurrenzdenken und auf die Wirtschaft bezogene Kapitalmarktorientierung führen in eine Sackgasse. Durch Kooperation als Ergänzung, erweitern wir unsere Perspektive und damit auch unsere Kreativität, Effektivität und letztendlich auch unsere Möglichkeiten des Wachstums.

Und das führt schließlich zu mehr Zufriedenheit für uns persönlich (dank des Oxytocins und des Dopamins, das ausgeschüttet wird, wenn wir uns mit anderen verbunden fühlen). Diese Erkenntnis hat nichts mit Harmonieorientierung zu tun, sondern ist überall – sowohl in ökonomischen als auch in biologischen und psychologischen Kontexten – wiederzufinden.

Für eine funktionierende Kooperation ist ein respekt- und würdevoller Umgang miteinander nötig. Dazu gehört, dass wir mehr miteinander als übereinander reden. Dass wir neugierig sind und bleiben, gut zuhören was der andere beizutragen hat. Dazu gehört aber auch, dass wir geben können, ohne gleich darüber nachzudenken, was wir dafür bekommen. Wenn wir auf diese Weise Vielfalt annehmen und nutzen, sie stärken und unterstützen, dann haben wir große Chancen, unser eigenes Tun als sinnerfüllt und integer wahrzunehmen.

Vielfalt integrieren

Unsere Gesellschaft ist vielfältig und bunt. Sie ist bestimmt von verschiedenen Arten, Traditionen, Sprachen und anderen Dingen und ist in unserem Alltag allgegenwärtig: Wir begegnen ihr bei allen möglichen Gelegenheiten, sei es im Café, wo wir auf Kaffeetrinker, Teetrinker oder Saft- und Wassertrinker sehen, sei es bei der Einstellung zum Essen ob Veganer, Vegetarier oder Fleischliebhaber, wo Menschen aller Religionen, Traditionen oder Hautfarben aufeinander treffen. Toleranz lehrt uns großzügig zu sein. Dennoch hat jeder Themen oder Situationen, bei denen es schwer fällt, das Verhalten des anderen zu tolerieren oder gar zu akzeptieren. Loten Sie aus, wo Ihre Grenze ist. Was fällt Ihnen schwer zu tolerieren? Wo spüren Sie einen Widerstand? Stellen Sie sich die Welt aus der Perspektive dieser Person vor. Was hat er oder sie für Themen, die sie vielleicht auch beschäftigen? Welche Lebenskontexte könnten Sie beide haben? Was hat diese Person wohl dazu veranlasst, so zu sein oder zu denken? Und die Frage aus unserer Übung in Kapitel sechs: Könnte es sein, dass diese Person alles tut, was sie kann, um ihr Bestes zu geben? Versuchen Sie neue Perspektiven zu bestimmten Verhaltensweisen und Einstellungen zu entwickeln.

9.3   Der Sinn von Integrität

Wenn wir uns fragen, welchen Sinn unsere Arbeit hat und wofür wir sie eigentlich tun, kann Integrität befreiend wirken, denn integer zu sein, hat zwei entscheidende Vorteile auf der Suche nach dem Sinn.

Zum einen haben wir weniger Angst, wenn wir integer sind. Das erscheint zunächst paradox, da gerade integer sein dazu führt, dass wir erst mal Ängste überwinden müssen. Wenn wir das aber geschafft haben und zu uns selber stehen und vertrauen, dann verringert sich unsere Sorge, was passieren könnte und wir müssen uns nicht verstecken oder versuchen, Dinge zu tun oder zu sagen, von denen wir nicht wirklich überzeugt sind.

Zum anderen haben wir mehr Kraft und Energie. Unsere inneren Zwiegespräche und Auseinandersetzungen kosten sehr viel Kraft. Jeder der einen intensiven Konflikt schon mal erlebt hat, weiß das. Wir können viel Energie und Kraft sparen, in dem wir offen mit unseren Fragen und Reflexionen umgehen, Fehler eingestehen, Unvollkommenheit akzeptieren, Prioritäten definieren und unseren Ideen treu bleiben. Dadurch haben wir mehr Kapazität, uns auf das zu konzentrieren, was uns wichtig ist und nutzen so unsere Fähigkeiten und Kompetenzen effektiver, was wiederum zur Folge hat, dass das effektive Nutzen sich übersetzt in ein Gefühl der Kraft. Daraus folgt das Erkennen des Potenzials für Veränderung in der eigenen Tätigkeit. Wir haben gesehen, dass ein 16-jähriges Mädchen eine weltweite Umwelt-Bewegung auslösen kann und wir haben es erlebt, dass ein einzelner Bankangestellter eine weltweite Krise auslösen kann. Es ist also folglich relevant, wie sich jeder Einzelne verhält.

Der Weg dorthin ist ein kontinuierlicher Entwicklungsprozess von wahrnehmen, reflektieren, achtsam sein und herausfinden, wie wir integer sein können. Es bedarf einer regelmäßigen Überprüfung und Hinterfragung im Hinblick auf das was ich tue oder eben nicht.

Regelmäßige Zeiten des Rückzugs und der Reflexion dienen dabei einer kontinuierlichen Überprüfung, die am besten als Workshop oder unter Anleitung ermöglicht, sich mit Fragen auseinanderzusetzen wie:

- Ist das, was ich tue, im Einklang mit meinen Werten und Überzeugungen?
- Haben sich meine Werte und Überzeugungen in den letzten zwölf Monaten weiterentwickelt?
- Wie gehe ich mit Kritik und Widerspruch um?
- Wie ehrlich bin ich zu anderen und zu mir selbst?
- Wo befinde ich mich zur Zeit, im Hinblick auf meine eigenen Visionen?
- In wie weit stimmen mein Sagen, Denken und Handeln überein?

Denn bei aller Arbeit ist es wichtig, zu wissen, dass wir nicht in der Lage sind, Situationen zu vermeiden, die uns verunsichern. Wir sind auch nicht in der Lage, die Veränderungsdynamik unserer Umwelt zu verlangsamen, wir sind aber sehr wohl in der Lage zu entscheiden, wie wir mit diesen Herausforderungen umgehen. Möglicherweise sind „Meine Anpassungsprozesse langsamer als die Veränderungsdynamik der Wirklichkeit. Um darauf zu antworten, muss ich meine Vorhersagen aufgeben und mich mit Achtsamkeit, Aufmerksamkeit und wacher Lernbereitschaft schrittweise in Situationen vorwärtstasten." So der Psychologieprofessor Peter Kruse (Kretschmer 2015).

Wir haben die Freiheit uns zu entscheiden, wie wir unsere Umwelt wahrnehmen wollen und vor allem, wie wir darauf reagieren wollen. Integrität spielt dabei eine entscheidende Rolle, da wir standhaft und dennoch offen für Neues, mutig und dennoch sorgfältig, kooperativ und dennoch eigenverantwortlich sein können. Aber am Wichtigsten: wir können uns dafür entscheiden, zu wissen, was der Sinn unseres Handelns ist.

Literatur

Beck D, Cowan C (2017) Spiral Dynamics. Leadership, Werte und Wandel. J. Kamphausen, Bielefeld

Damasio A (2017) Im Anfang war das Gefühl. Der biologische Ursprung menschlicher Kultur. Siedler Verlag, München.

Fetchenhauer D, Enste D, Köneke V (2010) Fairness oder Effizienz? Die Sicht ökonomischer Laien und Experten. Roman Herzog Institut, München

Grünewald S (2019) Wie tickt Deutschland? Psychologie einer aufgewühlten Gesellschaft. Kiepenheuer und Witsch, Köln

Hartekemeyer T, Johannes M (2016) Dialogische Intelligenz. Aus den Käfig des Gedachten in den Kosmos gemeinsamen Denkens. Verlagsgesellschaft Brüll und Heisterkamp KG, Frankfurt

Kretschmer W (2015) Abschied vom klassischen Management. Warum Führung heute anders geht. In: CIO Magazin. https://www.cio.de/a/warum-fuehrung-heute-anders-geht,3104234. Zugegriffen: 12. Dez. 2019

Nefiodow L (2020) Der sechste Kondratieff. https://www.kondratieff.net/kondratieffzyklen. Zugegriffen: 12. Jan. 2020

10

Anhang

Positive Emotionen

10 positive Emotionen nach Fredrickson (2011):

- Freude
- Dankbarkeit
- Heiterkeit
- Interesse
- Hoffnung
- Stolz
- Vergnügen
- Inspiration
- Ehrfrucht
- Liebe

© Springer-Verlag GmbH Deutschland, ein Teil von Springer
Nature 2020
T. Keller, *SINNvoll arbeiten,*
https://doi.org/10.1007/978-3-662-60596-7_10

Mit folgenden Fragen können Sie daran arbeiten, diese Emotionen zu verstärken:

- Wann habe ich mich zum letzten Mal so gefühlt?
- Wo war ich, als ich mich so gefühlt habe? Wer war dabei? Was habe ich gemacht?
- Welche Menschen, Dinge oder Unternehmungen könnten mir dieses Gefühl noch geben?
- Was könnte ich in naher Zukunft tun, um diese Emotion zu haben?
- Was könnte ich generell ändern, um mehr positive Emotionen in mein Leben zu bringen?

(aus: https://gesundheit-koerper-seele.com/10-positive-emotionen/ abgerufen am 11.12.2019).

Plattform zur Suche von sinnvoller Arbeit
www.onpurpose.org
www.jobverde.de
www.smarticular.net
www.nachhaltigejobs.de
www.goodjobs.eu/de

Liste von Möglichkeiten für gute Taten
- Machen Sie Ihrem Chef/Ihrer Chefin ein aufrichtiges Kompliment.
- Loben Sie mindestens einmal am Tag einen Kollegen, Mitarbeiter oder jemanden, der bei Ihnen im Büro sauber macht.
- Fragen Sie einen Kollegen nach seinem Befinden, wenn Ihnen sein trauriges Gesicht auffällt. Und hören Sie *wirklich* zu.
- Verschenken Sie Konzerttickets, die Sie nicht nutzen können.

- Helfen Sie jemandem, den Wassertank zu tragen, obwohl Sie nicht das letzte Glas Wasser daraus genommen haben.
- Bringen Sie jemanden zum Lachen.
- Bringen Sie Ihren Kollegen etwas zum Mittagessen mit, wenn Sie sich ohnehin etwas holen. Obst kommt häufig gut an.
- Beenden Sie Ihre Arbeit 30 min vor Ihrem normalen Rhythmus und helfen Sie einem Kollegen, von dem Sie wissen, das er viel zu tun hat.
- Wünschen Sie jemandem alles Gute zum Geburtstag, zu dem Sie den Kontakt verloren haben. Geburtstage finden Sie oft über Xing oder Facebook oder durch die der Person Nahestehende.

Quelle: https://tomoff.de/zufaellige-aktionen-der-freundlich-keit/

Verzeichnis von Selbsttests
VIA Charakterstärken Test:
www.flourishing-institut.com/test

Innerer Antreiber:
https://www.studentenwerk-oldenburg.de/de/beratung/
psychologischer-beratungsservice/themen-und-materia-lien/dokumente-zum-download/349-selbsttest-innere-antreiber/file.html

Enneagramm:
https://www.eclecticenergies.com/deutsch/enneagramm/
test

Emotionale Intelligenz:
https://quiz.sueddeutsche.de/quiz/50ceff3b49
fdf0baba67c8fd0ad08566-eq-test—pers-nlichkeitstest

Spiral Dynamics:
http://www.nlp.de/cgi-bin/exp_com/cwg_test.cgi

Stichwortverzeichnis

© Springer-Verlag GmbH Deutschland, ein Teil von Springer
Nature 2020
T. Keller, *SINNvoll arbeiten*,
https://doi.org/10.1007/978-3-662-60596-7

Printed in the United States
By Bookmasters